Clara Zetkin

Zur Frage des Frauenwahlrechts

Zetkin, Clara

Zur Frage des Frauenwahlrechts

ISBN: 978-3-86741-462-3

Auflage: 1
Erscheinungsjahr: 2010
Erscheinungsort: Bremen, Deutschland

© Europäischer Hochschulverlag GmbH & Co KG, Fahrenheitstr. 1, 28359 Bremen (www.eh-verlag.de). Alle Rechte beim Verlag und bei den jeweiligen Lizenzgebern.

Bei diesem Titel handelt es sich um den Nachdruck eines historischen, lange vergriffenen Buches aus dem Verlag Vorwärts, Berlin (1907). Da elektronische Druckvorlagen für diese Titel nicht existieren, musste auf alte Vorlagen zurückgegriffen werden. Hieraus zwangsläufig resultierende Qualitätsverluste bitten wir zu entschuldigen.

Clara Zetkin

Zur Frage des
Frauenwahlrechts

Zur Frage des Frauenwahlrechts

Von Clara Zetkin

Bearbeitet
nach dem Referat auf der Konferenz
sozialistischer Frauen zu Mannheim

Dazu drei Anhänge:

Anhang I. Resolution der Konferenz sozialistischer Frauen zu Mannheim, das Frauenwahlrecht betreffend.
Anhang II. Entwicklung des Frauenwahlrechts.
Anhang III. Eine sozialistische Enquete über die sofortige Einführung des Frauenwahlrechts.

Berlin 1907

Verlag: Buchhandlung Vorwärts, Berlin SW. 68
(Hans Weber, Berlin)

I.

Das Frauenwahlrecht ein soziales Recht, kein Naturrecht. Seine soziale Grundlage. Frauenwahlrecht als Ueberlebsel alter sozialer Ordnungen.

Die Konferenz der sozialistischen Frauen zu Mannheim hat sich mit der Frage des Frauenstimmrechts befaßt. Der Beschluß, sie zu erörtern, war nicht diktiert von dem Bedürfnis nach theoretischer, nach prinzipieller Klärung der Frage selbst. Diese Klärung ist innerhalb der Sozialdemokratie und der proletarischen Frauenbewegung längst vorhanden. Die Erörterung der Frage war den deutschen Genossinnen vielmehr durch Erwägungen praktischer Natur nahegelegt worden. Wir stehen der Tatsache gegenüber, daß bestimmte geschichtliche Umstände — auf die wir später noch eingehen werden — darauf hinwirken, die Frage des Frauenstimmrechts aus einer bloß prinzipiellen, programmatischen Forderung der Sozialdemokratie in einen Punkt unseres praktischen Aktionsprogramms zu verwandeln. Es handelt sich daher für die Genossinnen darum, sich über die Richtlinien ihrer entsprechenden Arbeit klar zu werden. Wir bedürfen einer Antwort auf die Frage: Wie sollen wir als Sozialdemokratinnen die Agitation und den Kampf für das Frauenstimmrecht in den Kreis der allgemeinen Gegenwartsarbeit einbeziehen?

Die proletarische Frauenbewegung steht entschieden auf dem Boden der sozialistischen Geschichtsauffassung. Wir wären daher nicht, die wir sind, wenn wir nicht auch bei der Antwort auf diese Frage, bei dem Suchen nach den nötigen Richtlinien unserer Aktion, eins betonen würden. Das ist die soziale Grundlage, welche die geschichtliche Entwickelung für die Forderung des Frauenwahlrechts geschaffen hat. Und da zeigt es sich, daß wir auch betreffs der Begründung unserer Forderung in reinlicher Scheidung von der bürgerlichen Frauenbewegung getrennt sind. Nach unserer Auffassung tritt die Berechtigung, die Notwendigkeit des Frauenstimmrechts in erster Linie auf als Ergebnis der kapitalistischen Produktionsweise. Es erscheint vielleicht manchem unwesentlich, das besonders hervorzuheben. Wir erachten es dagegen als nötig, weil die bürgerliche Frauenbewegung bis jetzt die Berechtigung der Forderung überwiegend aus alten naturrechtlichen Gründen herleitet. Die bürgerliche Frauenrechtelei fordert noch heute das Frauenstimmrecht als ein Naturrecht, genau so wie die spekulative Philosophie der sich emanzipierenden Bourgeoisie am Ausgange des 18. und im Anfang des 19. Jahrhunderts Bürgerrechte als Naturrechte rechtfertigte, die dem Menschen mit dem Geborenwerden zustehen. Wir unsererseits betrachten das Frauenstimmrecht im Lichte der Ergebnisse der forschenden Nationalökonomie und Geschichte. Wir fordern es als ein soziales Recht, dessen

Grundlage nicht in irgendwelchen naturrechtlichen Erwägungen zu suchen ist, sondern in den wesentlich gewandelten sozialen Bedingungen.

Gewiß: auch im frauenrechtlichen Lager wird nebenbei betont, daß die Umwälzung der wirtschaftlichen Lage und damit auch des Bewußtseins der Frau durch die kapitalistische Produktionsweise von wesentlicher Bedeutung ist für die Rechtfertigung der erhobenen Forderung. Allein dieser Zusammenhang wird nicht in seiner vollen stützenden und treibenden Wichtigkeit gewertet. Zum Beweis dafür kann die Prinzipienerklärung dienen, welche der bürgerliche „Weltbund für Frauenstimmrecht" bei seiner Konstituierung auf seiner ersten Internationalen Konferenz im Juni 1904 zu Berlin angenommen hat. In dieser Prinzipienerklärung stehen an erster Stelle rein naturrechtliche Erwägungen, die im Grunde sentimentaler Art sind. Aus ideologischen Gedankengängen heraus geboren, können sie leicht durch andere Gefühlswerte, andere Gefühlsgründe, durch eine andere Ideologie über den Haufen geworfen werden. Erst unter Punkt 8 wird nebenbei auch der wirtschaftlichen Umwälzung der Gesellschaft, wird der beruflichen Tätigkeit der Frau gedacht. Aber in welchem Zusammenhang? Es heißt da, das Frauenstimmrecht ist begründet in der „gestiegenen Wohlhabenheit", welche die Erwerbstätigkeit der Frauen dem weiblichen Geschlecht gebracht hat. Das ist äußerst charakteristisch. Wir sind der Ueberzeugung, daß die Forderung des Frauenstimmrechts ihre tiefste, ihre stärkste Begründung nicht findet in der Wohlhabenheit einer dünnen Schicht des weiblichen Geschlechts, nein: in der Armut, in der Not, in der Ausbeutung, der die große Masse des weiblichen Geschlechts preisgegeben ist. Mit aller Entschiedenheit weisen wir die angezogene frauenrechtlerische Begründung zurück. Sie ist nichts als eine Variation des alten liberalen Gemeinplatzes vom Nationalreichtum und dem Recht des Besitzes. Wollten wir uns mit den bürgerlichen Frauenrechtlerinnen für unsere Rechtsforderung auf den naturrechtlichen Standpunkt stellen, so könnten wir uns damit begnügen, allen Vorurteilen gegen das Frauenstimmrecht den entsprechend geänderten leidenschaftlichen Gefühlsschrei Unterdrückter und Geknechteter entgegenzurufen, den Shakespeare seinem Shylock in den Mund gelegt hat: „Hat nicht ein Weib Hände, Gliedmaßen, Sinne, Leidenschaften wie der Mann, mit denselben Speisen genährt, mit denselben Waffen verwundet, mit denselben Mitteln geheilt, von demselben Winter gekühlt, von demselben Sommer gewärmt. Wenn ihr uns kitzelt, lachen wir nicht, wenn ihr uns verwundet, bluten wir nicht, und wenn ihr uns vergiftet, sterben wir nicht?!" Allein, so wirkungsvoll derartige elementare Gefühlsausbrüche momentan sein mögen: im Kampfe um soziale Rechte erweisen sie sich als eine Waffe, die zersplittert, sobald sie den harten Felsen der geschichtlichen Wirklichkeit berührt.

Wie wenig die bürgerlichen Frauenrechtlerinnen die stärksten treibenden Kräfte werten, welche auf die Einführung des Frauenstimmrechts hindrängen, beweist auch ein Aufruf an „Deutschlands Frauen", den der Vorstand des „Verbandes für Frauenstimmrecht" vor nicht zu langer Zeit veröffentlicht hat. Darin heißt es: „Als Staatsbeamte, als Lehrerinnen, als Mitarbeiterinnen in sozialen Hülfsvereinen, als Steuerzahlerinnen üben Tausende von Frauen Bürgerpflicht aus, darum haben sie das volle Recht, auch Bürgerrechte zu fordern." Respektvoll wird zur Begründung der Rechtsforderung der Betätigung eines Händchens Damen in sozialen Hülfsvereinen gedacht, einer Betätigung, die oft genug den Charakter eines Sports oder des geschäftigen Müßigganges trägt. Kein Wort dagegen von der gesellschaftlich unentbehrlichen Tätigkeit der Millionen Arbeiterinnen in Fabrik, Kontor und Laden, in der Landwirtschaft und Heimarbeit. Und doch ist es diese Tätigkeit, welche den festen Grundstein bildet, auf dem die Forderung der vollen politischen Gleichberechtigung des weiblichen Geschlechts ruht. Und doch sind es diese unerwähnten Arbeiterinnen, welche die Heereskolonnen stellen, die die ausschlaggebenden Schlachten für das Frauenwahlrecht schlagen.

Unserer Ueberzeugung nach erhält das Frauenstimmrecht seine Begründung durch den Wandel des wirtschaftlichen und sozialen Lebens, den die kapitalistische Produktion geschaffen hat und in Fluß erhält. Er gelangt zum Ausdruck in der Erwerbsarbeit der Frauen und im besonderen Maße in der Eingliederung der Proletarierinnen in die Industrie.

Zugegeben, daß bestimmte Tatsachen vorhanden sind, die dieser Auffassung zu widersprechen scheinen. Das Frauenstimmrecht — wenn auch in beschränktem Umfange — bestand und besteht in manchen Ländern schon, ehe die kapitalistische Produktion auftrat, vor allem aber, ehe sie jenen Grad der Reife erlangt hatte, für welchen die Erwerbsarbeit der Frau bezeichnend ist. Aber diese Art des Frauenstimmrechts ist wesensverschieden von dem Recht, das wir heute, im Zeitalter des entfalteten Kapitalismus heischen. Im Lichte der geschichtlichen Zusammenhänge betrachtet, entpuppt es sich entweder als Recht des Grund und Bodens oder als Recht der Wirtschaftsgemeinde, der Großfamilie, wenn es natürlich auch einen Rückschluß darauf zuläßt, daß die Frau früher ihres Geschlechts wegen nicht davon ausgeschlossen war, dieses Recht zu repräsentieren. Nicht als Persönlichkeit erhielt die Frau das Wahlrecht, sondern als Vertreterin des Haushalts der Großfamilie oder als Grundbesitzerin, weil nach der lehnsrechtlichen Regel der Grund und Boden stärker war als die Person. So hat zum Beispiel die französische Geschichte verzeichnet, daß die Stadt Ferrières 1308 zu den Ständen in Tours Männer und Frauen als Abgeordnete entsendete. Und mehr als zwei Jahrhunderte später meldet sie, daß 1560 und 1576 an der Wahl zu den Generalständen Witwen und Töchter teilnahmen, welche eine selbständige Wirtschaft führten. In England eignete noch im 15. und 16. Jahrhundert Grundbesitzerinnen das Wahlrecht zu dem englischen Parlament und wurde von solchen besonders in Bergflecken ausgeübt. Erst im Jahre 1739 wurde das Recht durch den King's bench court — den obersten Gerichtshof — ausdrücklich aufgehoben.

Auch wo wir heute einem beschränkten Frauenstimmrecht begegnen — nicht als neuerobertem Recht, sondern als einen Ausklang alter sozialer Ordnungen — ist es des oben angegebenen Ursprungs. In der bäuerlichen Dorfgemeinde Rußlands dürfen Frauen unter Umständen unter den gleichen Bedingungen wie die Männer an den Beschlüssen der Dorfgemeinde mitwirken. Es ist das ein altes Gewohnheitsrecht, das durch die russische Gesetzgebung anerkannt worden und das seinem Wesen nach auch das Recht des Grund und Bodens, des Haushalts ist, ein Gewohnheitsrecht, in dem sich unseres Erachtens widerspiegelt, daß in Rußland die alte aus mutterrechtlicher Grundlage hervorgewachsene Großfamilie länger fortbestand als in Westeuropa. Die Frau übt das alte überkommene Recht aus nicht als Persönlichkeit, sondern als Vertreterin des Familienhausstands, der Wirtschaftsgemeinschaft. In einer

Reihe anderer Staaten und sogar in vielen Provinzen Preußens besteht ebenfalls ein beschränktes Frauenstimmrecht. In den sieben östlichen Provinzen des genannten Landes, sowie in Westfalen und Schleswig-Holstein besitzen Frauen in den ländlichen Gemeinden das Wahlrecht zu den Gemeindeverwaltungen. Jedoch nicht alle Gemeindebürgerinnen, sondern nur die grundbesitzenden und steuerzahlenden unter ihnen. Das gleiche gilt von dem Frauenwahlrechte zu den Gemeinderäten nicht nur auf dem Lande, sondern auch in den Städten in einem Teile der Pfalz und anderwärts. Auch in den österreichischen Kronländern besitzen die Frauen in den ländlichen und in vielen städtischen Gemeinden das Recht, die Gemeindeverwaltung zu wählen, aber das Recht eignet ihnen ebenfalls nur, wenn sie Grundbesitzerinnen oder eigenberechtigte Steuerzahlerinnen sind. Auf dem Gemeindewahlrecht baut sich das Landtagswahlrecht der Kronländer auf, und bis zu Erkämpfung des allgemeinen Wahlrechts durch das Proletariat, unter Führung der Sozialdemokratie, war es auch die Grundlage des Wahlrechts zu dem Reichsrat. In der Folge davon besitzen in vielen österreichischen Kronländern die Grundeigentümerinnen und in manchen Kronländern auch die dem Zensus genügenden Steuerzahlerinnen das Wahlrecht zu den Einzellandtagen. Bis zur Einführung des allgemeinen Wahlrechts konnten ferner die Großgrundbesitzerinnen unter den gesetzlich vorgeschriebenen Bedingungen an den Wahlen zum Reichsrat teilnehmen. In Schweden besteht unter ähnlichen Bedingungen ein verkümmertes Frauenwahlrecht zu den Gemeindeverwaltungen. Die meisten Bestimmungen, welche das Frauenstimmrecht der angezogenen Art festlegen, machen es von Grundbesitz und Steuerleistung abhängig und charakterisieren es schon dadurch als Recht des Besitzes, nicht der Person. Diese seine Wesenseigentümlichkeit tritt noch schärfer dadurch in die Erscheinung, daß vielfach die besitzenden und wahlberechtigten Frauen das Wahlrecht nicht persönlich ausüben dürfen, sondern durch einen männlichen Anverwandten oder Bevollmächtigten ausüben lassen müssen.

Ein so geartetes Wahlrecht ist durchaus nicht das Recht, das wir für das gesamte weibliche Geschlecht fordern. Es ist ein Vorrecht des Besitzes und nicht das Recht, das nach unserer Auffassung der Frau als Persönlichkeit, als Staatsbürgerin gebührt. Es steht daher im schroffen Gegensatz zu unserer Forderung. In England finden wir betreffs des Frauenwahlrechts zu den verschiedenen Organen der lokalen Selbstverwaltung ein Kompromiß zwischen dem Rechte des Besitzes und dem Rechte der Frau als Persönlichkeit. Der Besitz soll in der Selbstverwaltung Recht und Vertretung haben, auch wenn zufälligerweise nicht der Mann, sondern die Frau sein Träger ist, dem kapitalistischen Grundsatz entsprechend, daß das Eigentum selbst das geringere soziale Gefäß heiligt. Das Frauenwahlrecht zu den verschiedenen Körperschaften der lokalen Selbstverwaltung ist daher weitaus überwiegend auf den Zensus gegründet. Immerhin aber übt die englische Frau persönlich ihr Wahlrecht aus. Unserer Ueberzeugung entsprechend darf das Frauenstimmrecht jedoch weder an Grundbesitz noch an gewerbliches Eigentum oder Steuerleistung gebunden sein. Wir fordern es als ein soziales Recht der Person.

II.
Die kapitalistische Produktionsweise als wichtigste treibende Kraft des Frauenwahlrechts.

Die Forderung der Frau, als Persönlichkeit mittels des aktiven und passiven Wahlrechts den ihr gebührenden Einfluß in Staat und Gemeinde auszuüben, hat ihre wichtigste treibende Kraft durch die wirtschaftliche Entwickelung, durch die kapitalistische Produktion erhalten. Schon in den Anfängen der kapitalistischen Entwickelung hat daher das Frauenstimmrecht innerhalb der bürgerlichen Demokratie vereinzelte begeisterte Vorkämpfer gefunden. Die es waren, zählten zu den erlauchtesten Denkern der Bourgeoisie in den Zeiten ihrer Jugend, da diese in ihrer revolutionären Sünden Maienblüte den Traum allgemeiner Freiheit, Gleichheit und Brüderlichkeit träumte. Es ist das wahrlich keine Tatsache, deren sich die Bourgeoisie zu schämen hätte.

Die Forderung des Frauenstimmrechts als Recht der Persönlichkeit tritt in England auf als Niederschlag jener „glorreichen Revolution", in welcher die englische Bourgeoisie ihrer jungen Herrlichkeit Karls I. Kopf zu Füßen legte. Sie tauchte in Frankreich an die Oberfläche, als die „große Revolution" ihre Wellen in das geistige Leben des Landes vorauswarf, und als das gewaltige historische Drama sich aufrollte, in welchem die Bourgeoisie über Louis Capets Leiche hinweg zu ihrer politischen Emanzipation schritt. 1787 erhob Condorcet in seinen „Briefen eines Bürgers von Newhaven" die Forderung voller Gleichberechtigung des weiblichen Geschlechts. Der glühende Atem revolutionären Geistes wehte sie über die französische Grenze. 1792 veröffentlichte in England Mary Wollstonecraft ihr berühmtes Werk „Forderung der Frauenrechte", und in Deutschland erschien Th. v. Hippels bedeutsame Schrift für die Gleichberechtigung des weiblichen Geschlechts. In dem Sturmgebraus der französischen Revolution selbst erklang bald der Ruf, die geheischten Menschenrechte dürften nicht bloß Männerrechte, sie müßten auch Frauenrechte sein. Olympe de Gouges kämpfte mit leidenschaftlicher Begeisterung für die volle Emanzipation des weiblichen Geschlechts. Als Gegenstück zu der berühmten Proklamation der Menschenrechte schleuderte sie ihre Erklärung der Frauenrechte in die Oeffentlichkeit. Darin heißt es: „Die Frau ist frei geboren und gesetzlich dem Manne gleich. . . . Das Prinzip aller Souveränität ruht wesentlich in der Nation, welche nur die Vereinigung von Frau und Mann ist. Freiheit und Gerechtigkeit bestehen darin, jedem alles zukommen zu lassen, was ihm gebührt. . . . Das Gesetz muß für alle gleich sein. Da alle männlichen und weiblichen Bürger gleich sind vor dem Auge des Gesetzes, müssen ihnen in gleicher Weise alle Würden, Aemter und öffentlichen Einrichtungen zugänglich sein nach ihrer Fähigkeit und ohne eine andere Unterscheidung als die ihrer Tugenden und Talente. . . . Die Frau hat ein Recht, das Schaffot zu besteigen, sie sollte in gleicher Weise das Recht haben, die Tribüne zu besteigen." Das Frauenstimmrecht wurde bereits 1789 in Flugschriften wie in einer Eingabe an die konstituierende Nationalversammlung gefordert. Diese begnügte sich jedoch in der Sache mit der platonischen Erklärung, „sie stelle die Verfassung unter den Schutz der Gattinnen und Mütter". 1793 löste der Sicherheitsausschuß auf Antrag Amars die politischen Frauenorganisationen auf und verbot ihre Neubildung. Bald verstummte die

Forderung des Frauenstimmrechts. Der demokratische Spiritus der französischen Bourgeoisie verflog mit der Eroberung und Befestigung der politischen Herrschaft, und die kapitalistische Produktion war nicht weit genug entwickelt, um durch revolutionierte Seins- und Tätigkeitsbedingungen in der Frauenwelt selbst das unerstickbare Massenverlangen nach politischer Gleichberechtigung wachzurufen. Erst die großen utopistischen Sozialisten Saint-Simons und Fourier und ihre Schüler nahmen die Forderung wieder auf. 1848 beantragte Victor Considérant, 1851 Pierre Leroux im französischen Parlamente das Frauenstimmrecht. Sie fanden keine Zustimmung, sondern begegneten nur Hohn und Geringschätzung.

In den Vereinigten Staaten von Nordamerika wurde die Forderung des Frauenstimmrechts mit besonderer Energie zuerst während des Kampfes für die Abschaffung der Sklaverei vertreten. Die von diesem Kampf getragene Strömung war von starker rückwirkender Kraft auf England und trug ein gut Teil dazu bei, auch hier eine Bewegung für das Frauenstimmrecht in Fluß zu bringen. Vom englischen Parlament wurde das Frauenstimmrecht zum ersten Male vor ungefähr 70 Jahren in einer Eingabe von einer einzelnen Frau gefordert: von Lady Stanmore. Erst 1867 stellte einer der hervorragendsten Geister der bürgerlichen Demokratie, John Stuart Mill, im Namen einer größeren Gruppe von Frauen den Antrag auf Einführung des Frauenwahlrechts.

Wie in England und Frankreich, so ist auch in Deutschland politisches Bürgerrecht für das weibliche Geschlecht gefordert worden, als das Bürgertum im Kampf für seine politische Emanzipation für demokratische Prinzipien schwärmte. In den Stürmen der vierziger Jahre, die den Prinzen von Preußen als simplen Kaufmann Lehmann bei Nacht und Nebel über den Kanal jagten, wurde auch die Forderung des Frauenstimmrechts von bürgerlichen Demokraten verfochten. Kurz, in allen Kämpfen, in denen das Bürgertum eingetreten ist für die Verwirklichung des demokratischen Prinzips — als für eine Vorbedingung seiner eigenen politischen Emanzipation und Herrschaft —, in allen revolutionären Kämpfen der Bourgeoisie: hat auch die Forderung der Gleichberechtigung des weiblichen Geschlechts Verteidiger gefunden.

Wohl hat der Kampf für die Emanzipation der Frau einzelne Konzessionen errungen, manche Abschlagszahlung gebracht, aber die volle politische Gleichberechtigung des gesamten weiblichen Geschlechts ist bis heute in den meisten und gerade in den industriell am höchsten entwickelten Ländern noch nicht Wirklichkeit geworden. Erklärlich genug. Gerade zu der Zeit, wo die Bourgeoisie am leidenschaftlichsten und rücksichtslosesten für das demokratische Prinzip stritt, waren in der Frauenwelt selbst die Kräfte noch gebunden, deren Regen und Weben große Frauenmassen zur Forderung des Wahlrechts als einer sozialen Notwendigkeit zwingt. Die Vorbedingung dafür, daß der Ruf nach dem Frauenstimmrecht als eine historisch begründete Massenforderung erklingt, ist erst durch die größere Reife der kapitalistischen Produktion geschaffen worden. Sie steht im engsten Zusammenhang mit der Revolutionierung der wirtschaftlichen Tätigkeit der Frau und damit des Haushalts.

Die Entwickelung der Maschinenindustrie wertete die Familie um, indem sie diese aus einer vorwiegend wirtschaftlichen Einheit, aus einer Produktionsgemeinschaft in eine nur sittliche Einheit verwandelte. Damit legte sie nicht nur den Grund zur wirtschaftlichen Emanzipation der Frau von der Familie und dem Haushalt, sondern auch zu ihrer politischen Gleichberechtigung. Die politische Emanzipation des weiblichen Geschlechts ist das unerläßliche Korrelat seiner wirtschaftlichen Verselbständigung. Die nämlichen geschichtlichen Kräfte, welche mit starker Faust die Naturalwirtschaft aus der Familie trieben und verhinderten, daß die Frau noch länger als Universalhandwerkerin im Haushalte tätig war: schufen die Möglichkeit und Notwendigkeit für ihre neue wirtschaftliche Tätigkeit draußen in der Gesellschaft, auf dem sozialen Markte. Die Zerstörung der alten wirtschaftlichen Tätigkeitssphäre des weiblichen Geschlechts hat in der bürgerlichen Frauenwelt das Bedürfnis erstehen lassen, dem Leben einen neuen sittlichen Inhalt zu geben und schuf hier für Zehntausende den Zwang, des Lebens Notdurft durch einen selbständigen Erwerb zu sichern. Die Vorrechtsstellung des Mannes setzt jedoch dem Ringen der bürgerlichen Frauen um Lebensinhalt und Lebensunterhalt starke Schranken entgegen. Die Frauen bedürfen eines wirksamen Mittels, um diese Schranken zu brechen. Das Wahlrecht ist ein solches Mittel. Die bürgerlichen Frauen müssen danach trachten, die politische Gleichberechtigung als ein unschätzbares und unentbehrliches Mittel zu erobern, genügend Einfluß auf die Gesetzgebung zu gewinnen, um mit ihrer Hülfe alle Bestimmungen zu beseitigen, welche dem Manne eine Monopolstellung einräumen und die Lebensbetätigung des Weibes hemmen. In der proletarischen Frauenwelt ist nicht minder, ja in noch höherem Maße das Bedürfnis nach dem Besitz des politischen Wahlrechts, nach der vollen politischen Gleichberechtigung erwacht. Die kapitalistische Entwickelung hat Hunderttausende, ja Millionen Proletarierinnen hinausgestoßen in das gesellschaftliche Wirtschaftsleben. Als selbständig Erwerbende ist für sie soziale Bewegungsfreiheit, freies Verfügungsrecht über ihre Person und ihren Verdienst so notwendig wie für den Mann; als Ausgebeutete bedürfen sie sozialen Schutzes und sozialer Rechte so dringend wie er. Auch sie können daher nicht länger des unmittelbaren Einflusses auf die Gesetzgebung entraten, den der Besitz des Wahlrechts sichert.

Die Statistik beweist schlagend für alle kapitalistisch entwickelten Länder, in welchem Umfange sich die Auflösung der alten Wirtschaftsordnung und damit der Uebergang der Frau zur Berufstätigkeit und die Industrialisierung der Proletarierinnen insbesondere vollzieht. Nach den letzten in Betracht kommenden Zählungen gab es:

	Erwerbstätige Frauen		Arbeiterinnen
1895 in Deutschland	7 657 350	darunter	5 392 377
1890 in Oesterreich	6 245 730	„	5 310 639
1890 in Frankreich	5 191 084	„	3 584 518
1891 in England und Wales	4 016 571	„	3 113 256
1890 in den Vereinigten Staaten	3 914 571	„	2 864 818

Diese Zahlen illustrieren nicht nur, welchen Umfang die Erwerbsarbeit der Frau im allgemeinen, die proletarische Erwerbsarbeit aber im besonderen angenommen hat, sondern sie weisen auch aus, wie dringend das weibliche Geschlecht des Wahlrechts bedarf. Der gekennzeichneten Situation entsprechend wird die proletarische Erwerbsarbeit die stärkste treibende Kraft im Kampfe um dieses Recht sein. Die Millionen Arbeiterinnen in Industrie, im Handel, in der Landwirtschaft usw. können nicht länger des Stimmrechts entbehren, denn es ist eine Waffe, die ihre Interessen gegen das ausbeutende Kapital schützt. Und zu diesen Millionen gesellen sich viele Hunderttausende von Proletarierinnen der Kopfarbeit, von bürgerlich berufstätigen Frauen, die entweder direkt durch die kapitalistische Ausbeutung leiden oder indirekt infolge der Zusammenhänge und Begleiterscheinungen, welche die kapitalistische Ordnung schafft. Große Scharen von ihnen müssen „hungernd mit dem Hirn pflügen", wie die Arbeiterinnen mit der Hand. Durch die charakterisierte Umwälzung ihres wirtschaftlichen Seins sind die Frauen auch in ihrem Bewußtsein, in ihrem Empfinden und Denken revolutioniert worden. Sie sind zur politischen Großjährigkeit herangewachsen. Und nun fordern sie das allgemeine Wahlrecht als eine soziale Lebensnotwendigkeit. Sie müssen den politischen Machtanteil, den ihnen der Stimmzettel verleiht, zur Verteidigung und Wahrung ihrer ökonomischen und kulturellen Interessen in die Wagschale werfen können.

Aber wenn wir das Frauenstimmrecht auch in erster Linie als eine soziale Lebensnotwendigkeit würdigen, so begehren wir seine Zuerkennung doch nicht minder als einen Akt selbstverständlicher Gerechtigkeit. Die Frau ist nicht nur wirtschaftlich von der Familie und dem Haushalt unabhängig geworden; sie wertet nicht nur ihre produktive Tätigkeit auf den verschiedensten Gebieten der Hand- und Kopfarbeit in ihrer Bedeutung für die materielle und kulturelle Entwickelung der Gesellschaft. Nein, sie ist auch des großen sozialen Wertes ihres hausmütterlichen und erzieherischen Waltens bewußt geworden. Der helle Schein, den die Feuer der großen Fabrikbetriebe auf das mütterliche Wirken im Heim geworfen haben, hat ihre Augen für die Bedeutung dessen geöffnet, was sie als Gattin und Mutter für die Allgemeinheit leistet. In dem Maße, wie die Zahl der erwerbstätigen Proletarierinnen steigt, wie auch die Trägerin, Gebärerin und Erzieherin des proletarischen Nachwuchses dem Kapital zinsen und fronden muß, unbekümmert um die Verpflichtungen gegen das keimende Leben in ihrem Schoß, ohne Rücksicht auf die Pflege, deren das neugeborene Kind, auf die Sorgfalt und Führung, welches die heranwachsende Jugend bedarf: trat es scharf in Erscheinung, daß das Schalten und Walten der Frau als Hausmutter mehr ist als ein Privatdienst, den sie dem Manne leistet, nämlich eine Tätigkeit von höchster sozialer Bedeutung. Nicht durch Leichtsinn, nicht durch das Verstummen der Schläge des Mutterherzens, nein durch den eisernen Druck der kapitalistischen Ausbeutung sind Millionen Frauen gezwungen worden, werden sie weiter gezwungen, sich wider das körperliche, geistige und sittliche Wohl ihres eigenen Fleisches und Blutes zu vergehen. Die steigenden Zahlen über die Säuglingssterblichkeit, über die sittlich verwahrlosenden Kleinen, über die jugendlichen Fürsorgebedürftigen und Verbrecher: illustrieren den hohen Wert dessen, was die Frau innerhalb ihrer vier Pfähle für die Pflege und Erziehung des Nachwuchses wirkt. Die Forderung des Frauenstimmrechts ist die Forderung nach sozialer Anerkennung ihrer hochbedeutsamen sozialen Tätigkeit als Mutter.

Die Frauen fordern das Wahlrecht jedoch auch auf Grund des demokratischen Prinzips in seiner weitesten Bedeutung. Nicht nur in dem Sinne, daß gleichen Pflichten gleiche Rechte entsprechen sollen, daß der Frau zum Zahlrecht auch das Wahlrecht gebührt: wir glauben es vielmehr der Gesellschaft schuldig zu sein, alle geistigen und sittlichen Kräfte unserer Eigenart entsprechend in dem Dienst der Allgemeinheit zu betätigen. Wir teilen nicht die Ansicht gewisser frauenrechtlerischer Kreise, daß Frauen und Männer gleiche Rechte haben müssen, weil sie geistig-sittlich gleich seien. Wie körperlich, so sind die Geschlechter auch in ihrem Geistes- und Seelenleben verschieden. Aber verschieden sein, anders sein, heißt für das weibliche Geschlecht nicht niedriger sein als das männliche. Und wenn wir auf Grund unserer psychischen weiblichen Eigenart zum Teil anders fühlen, denken und handeln als der Mann, so empfinden wir unser Anderssein als einen Vorzug im Hinblick auf die Ergänzung des Mannes und die Bereicherung der Gesellschaft.

Von den angedeuteten Gesichtspunkten aus fordern wir die volle politische Gleichberechtigung der Frau und das Wahlrecht insbesondere, als die staatsrechtliche Mündigkeitserklärung unseres Geschlechts.

III.
Der Einfluß der Klassenscheidung in der Frauenwelt auf die Bedeutung des Wahlrechts.

In bezug auf die hervorgehobene allgemeine prinzipielle Bedeutung des Frauenwahlrechts besteht innerhalb des gesamten weiblichen Geschlechts kein Unterschied. Ebenso werten alle Frauen ohne Unterschied der Klasse die politische Gleichberechtigung als ein Mittel, das Recht freier, reicher Lebensentwickelung und Lebensbetätigung zu erobern.

In der Frauenwelt herrscht jedoch ebenso gut wie in der Männerwelt der Klassengegensatz und der Klassenkampf. Dadurch wird zwischen den Frauen der verschiedenen Klassen ein Gegensatz geschaffen betreffs des praktischen Werts des Wahlrechts und betreffs des Zieles, für das es gebraucht wird. Für die Frauen hat das Wahlrecht praktisch eine ganz verschiedene Bedeutung je nach dem Besitz, über den sie verfügen, oder der Besitzlosigkeit, unter der sie leiden. Und zwar steht im allgemeinen der Wert des Stimmrechts für sie in umgekehrtem Verhältnis zur Größe ihres Besitzes.

Je unbeschränkter den Frauen der oberen Zehntausend privatrechtlich die Verfügungsmöglichkeit über ein großes Vermögen eignet, um so leichter können sie politischer Rechte entraten. Dank ihrem Geldbeutel können sie ihre persönlichen Interessen auch so in ausgiebigstem Maße wahren.

Höhere Bedeutung kommt dem Wahlrecht für die mittlere Schicht der bürgerlichen Frauen zu. Ein großer Teil von ihnen ist nicht in der angenehmen Lage, wie ihre reicheren Schwestern, sich mittels ererbter Vermögen eine Lebensbetätigung zu schaffen, welche den persönlichen Neigungen entspricht. Meist müssen sie sich durch ihre Arbeit nicht nur einen neuen Lebensinhalt aufbauen, sondern auch in ihr einen Broterwerb suchen. Ihrer Klassenzugehörigkeit und ihrem Bildungsgange entsprechend denken sie jedoch natürlich genug nicht an die allen offenstehende Möglichkeit, gewerbliche oder landwirtschaftliche Arbeiterinnen zu werden. Sie streben nach einer sogenannten freien oder liberalen Berufstätigkeit. Die gleiche Bildungsgelegenheit wie dem Manne und die Möglichkeit zur Ausübung höherer Berufe ist jedoch vielfach noch den Frauen durch gesetzliche Bestimmungen verwehrt. Die Frauen der mittelbürgerlichen Schichten und der bürgerlichen Intelligenz brauchen daher dringend das Wahlrecht, um die gesetzlichen Grenzwälle zu schleifen, welche ihren Bedürfnissen nach Bildung und Berufstätigkeit entgegenstehen. Diese Mittelschicht der Frauenwelt begehrt aber das Wahlrecht nicht nur im Hinblick auf die Wahrung ihrer engeren Interessen als Angehörige des weiblichen Geschlechts. Sie will sich nicht darauf beschränken, den Kampf zu führen gegen die Vorrechte des Mannes, sondern sie möchte auch ihre politische Macht auf allen Gebieten der Gesetzgebung, des öffentlichen Lebens wirkend zur Geltung bringen, an der Lösung aller sozialen Aufgaben mithelfen, besonders auch an dem Zustandekommen einer durchgreifenden Sozialreform. Ihr Wünschen und Wollen berührt sich darin mit demjenigen der proletarischen Frauen, aber nur, um sofort den Gegensatz der Klasseninteressen hervortreten zu lassen, der die proletarische und bürgerliche Welt trennt.

Die bürgerlichen Frauenrechtlerinnen wollen im öffentlichen Leben mitraten und mittaten, wollen am Ausbau der sozialen Reformen mitwirken, weil sie hoffen, dadurch die heutige bürgerliche Gesellschaftsordnung zu stützen und zu erhalten. Die Proletarierinnen dagegen wollen mittels des Wahlrechtes nicht nur ihre ökonomischen und kulturellen Gegenwartsinteressen verteidigen, sondern auch für ihre teuersten Zukunftshoffnungen kämpfen. Das kann aber nur im Ringen gegen das kapitalistische Regime geschehen. Es ist nicht die Herrschaftsstellung des Mannes ihrer Klasse, die ihnen freie Lebensentfaltung und Lebensbetätigung vorenthält, es ist die Herrschaftsstellung der Kapitalistenklasse, ihre Ausbeutungsmacht und ihr Ausbeutungsrecht in der heutigen Ordnung. Die politische Arbeit und der politische Kampf der proletarischen Frauen hat daher ein über die Gegenwart und ihre Reformierung hinausreichendes Ziel: den Sturz des Kapitalismus. Und so fordern die Proletarierinnen das Wahlrecht vor allem zum Kampfe gegen die Kapitalistenklasse und gegen die kapitalistische Ordnung. Gewiß: auch sie wollen möglichst durchgreifende soziale Reformen, aber zu ganz anderem Zweck als die bürgerlichen Frauenrechtlerinnen. Nicht um die bürgerliche Gesellschaft, die kapitalistische Wirtschaftsordnung zu stützen; nein, um die Kampfesfähigkeit des Proletariats gegen sie zu steigern. Kurz das A und O unserer Wahlrechtsforderung bleibt: wir verlangen gleiche politische Rechte mit dem Manne, damit wir ungehemmt durch gesetzliche Schranken mitarbeiten, mitkämpfen können, um diese Gesellschaft zu stürzen.

IV.
Die bürgerliche Frauenbewegung und das Wahlrecht.

Die aufgezeigten Zusammenhänge erklären uns, weshalb bis zum heutigen Tage die bürgerliche Frauenbewegung den Kampf für die politische Emanzipation des weiblichen Geschlechts nicht einheitlich und mit höchstem Nachdruck führt, weshalb sie insbesondere nicht in festgeschlossenen Reihen hinter der Forderung des allgemeinen, gleichen, direkten und geheimen Wahlrechts für alle großjährigen Staatsangehörigen ohne Unterschied des Geschlechts steht. Ihre Haltung ist der geschichtlich bedingte, unvermeidliche Ausdruck für die bestehende

Verschiedenheit der sozialen Schichtung innerhalb der Frauenwelt und der in jener wurzelnden Interessengegensätze. Nur wenn man die Verschiedenheit der sozialen Schichtung ins Auge faßt, wird verständlich, daß die bürgerliche Frauenbewegung nicht einmal als festgefügte, einheitliche Macht hinter der prinzipiellen Forderung des Frauenwahlrechts steht. Aus dem früher dargelegten Grunde haben die Frauen der oberen Zehntausend im allgemeinen kein oder nur ein schwaches Bedürfnis nach der politischen Gleichberechtigung mit dem Manne. Nur wenn man die Verschiedenheit der sozialen Schichtung nicht übersieht, begreift man die andere Tatsache. Sobald man über die Proklamierung des bloß abstrakten Prinzips politischer Gleichberechtigung des weiblichen Geschlechts hinaus die Frage nach der praktischen Natur des Wahlrechts aufwirft und die Forderung des allgemeinen Wahlrechts erhebt, verstummt das schöne frauenrechtlerische Lirum Larum von der „einen großen Schwesternschaft". Der Klassen- und Interessengegensatz zwischen den bürgerlichen Frauen einerseits, den Proletarierinnen anderseits schließt es aus, daß eine einige und ungeteilte Frauenbewegung hoch über dem Schmutz der Parteikämpfe in den Wolken makelloser Gerechtigkeit und Unparteilichkeit thront und mit segnender Hand auch den Proletarierinnen ihr Recht spenden wird.

Die bereits erwähnte internationale Konferenz des „Weltbundes für das Frauenstimmrecht" hat den schlagenden Beweis für unsere Auffassung geliefert. Sorgfältig sind die tagenden Damen der Verlegenheit aus dem Wege gegangen, klipp und klar auszusprechen, welche Art von Frauenwahlrecht sie verlangen. Sie haben sich damit begnügt, das Frauenstimmrecht überhaupt zu fordern, obgleich sie ganz gut wissen, daß es ein allgemeines Frauenwahlrecht und ein beschränktes Damenwahlrecht gibt, und daß der Unterschied zwischen beiden in den Tagen des verschärften Klassenkampfs immer bedeutsamer wird. Es entbehrt nicht eines pikanten Beigeschmacks, daß Frau Stritt, die Vorsitzende des gemäßigten „Allgemeinen Deutschen Frauenvereins", gelegentlich der Verhandlungen des „Weltfrauenbundes" sich radikaler gezeigt hat als die radikalen bürgerlichen Frauenrechtlerinnen, welche auf der Internationalen Konferenz für das Frauenstimmrecht das große Wort führten. Sie erklärte, daß ihrer Auffassung nach nur eine Art des Stimmrechts in Betracht kommen könne: das allgemeine, gleiche, direkte und geheime Wahlrecht für Männer und Frauen. Aber freilich: so ehrenvoll die betreffende Erklärung für diejenige ist, die sie abgegeben, so gering ist ihre praktische Bedeutung. Denn der „Weltfrauenbund" selbst, der fast zur selben Zeit wie die Stimmrechts-Konferenz in Berlin tagte, und dem auch der „Allgemeine Deutsche Frauenverein" angegliedert ist, hat sich so wenig wie diese für das allgemeine Wahlrecht erklärt. Auch er hat sich mit einer ganz vagen Erklärung begnügt. Auf keiner der beiden internationalen Tagungen hat eine bürgerliche Frauengruppe — auch die radikalste nicht — offiziell und für allemal programmatisch bindend zu diesem Kardinalpunkt der Wahlrechtsfrage Stellung genommen. Alle — in welcher Couleur sie auch schillern mögen — haben sich damit begnügt, das Wahlrecht für die Frauen der einzelnen Länder unter den gleichen Bedingungen zu fordern, an die es für die Männer geknüpft ist. Mit anderen Worten: dort, wo das allgemeine Männerwahlrecht noch nicht besteht, ist das Ziel ihres Strebens erfüllt, wenn zum Herrenwahlrecht das Damenwahlrecht tritt. Eine spätere offizielle Lebensäußerung der internationalen bürgerlichen Frauenrechtelei hat das bestätigt. Im August

1906 hat in Kopenhagen eine andere Konferenz des „Weltbundes für das Frauenstimmrecht" getagt. Die Konferenz beriet nicht nur Fragen der Organisation und Agitation, sie fand auch Zeit, das welterschütternde Problem zu lösen, welche Abzeichen künftighin die Mitglieder der Frauenwahlrechtsvereine tragen sollen. Dagegen hat sie nicht mit einem Worte die Frage des allgemeinen Wahlrechts erörtert, noch weniger hat sie unzweideutig erklärt, wie der frauenrechtlerische „Weltbund" dazu steht, und doch drängte sich die Stellungnahme zum allgemeinen Wahlrecht geradezu auf. Die Vertreterinnen von Finnland und Ungarn äußerten nämlich die Ansicht, daß die Bewegung für die politische Gleichberechtigung der Frau die meisten Fortschritte dort zu verzeichnen habe, wo der Kampf für das allgemeine Wahlrecht die Geister wachrüttelt, wo der Wahlrechtskampf des Proletariats den Boden für die Beseitigung jeden politischen Unrechts bereitet. Sie hatten das aus den Verhältnissen in ihrem Vaterlande gelernt. Die Konferenz konnte also gleichsam mit Händen den Zusammenhang greifen, der sie — wenn sie konsequent Frauenrechte vertreten wollte — zur Forderung des allgemeinen Wahlrechts treiben mußte. Trotzdem hat sie sich feige um eine nicht zu drehende und zu deutelnde Stellungnahme herumgedrückt.

Doch bleiben wir zur Bekräftigung unserer Anschauung im Lande. Die Geschichte der deutschen bürgerlichen Frauenbewegung ist überreich an Tatsachen, die sie erhärten. In ihrer Gesamtheit marschieren die frauenrechtlerischen Organisationen in Deutschland noch immer nicht in geschlossener Phalanx hinter der Fahne des Frauenstimmrechts. Wohl hat sich der „Bund deutscher Frauenvereine" auf seiner Generalversammlung zu Wiesbaden 1902 unter dem Drängen des „radikalen Flügels" endlich dazu bequemt, sich offiziell für das Frauenwahlrecht zu erklären. Allein in der recht schwächlichen Form, es sei „dringend zu wünschen, daß die Bundesvereine das Verständnis für den Gedanken des Frauenstimmrechts nach Kräften fördern." Will man die „Kräfte" der Bundesvereine nach dem bemessen, was diese zur Verwirklichung des bescheidenen aber „dringenden Wunsches" getan haben, so muß man sie fast durchweg als die organisierte Ohnmacht bewerten. Denn — von den Frauenstimmrechtsvereinen abgesehen — haben die wenigsten von ihnen irgend Nennenswertes auch nur für die Verbreitung des „Gedankens" des Frauenstimmrechts geleistet. Noch weniger ist bis heute von einer einheitlichen und kraftvollen Aktion des „Bundes" für die Eroberung vollen politischen Bürgerrechts für das weibliche Geschlecht die Rede gewesen. Und ob gleich die große gemäßigte Organisation durch ihre Zugehörigkeit zum „Weltfrauenbund" 1904 sich neuerlich zum Frauenstimmrecht bekannt hat. In diesem Jahre hat sich nämlich diese internationale Vereinigung bürgerlicher Frauenrechtlerinnen in einer Resolution für die volle politische Gleichberechtigung der Geschlechter erklärt. Außerdem — und das muß besonders betont werden — hat sich der „Bund deutscher Frauenvereine" offiziell darüber ausgeschwiegen, ob er ein allgemeines Frauenstimmrecht erstrebt oder sich in seiner „maßvoll klugen Weise" unter Umständen auch mit einem Zensuswahlrecht bescheiden würde. Es ist jedenfalls nicht besonders vertrauenerweckend, daß in dem offiziellen „Zentralblatt des Bundes deutscher Frauenvereine" kurz nach der diesjährigen Reichstagswahl eine regelrechte Attacke gegen das allgemeine Wahlrecht geritten wurde, die Frau Stritt zwar recht wortreich, aber keineswegs mit der nämlichen Bestimmtheit zurückgeschlagen hat, mit der sie sich in Berlin seinerzeit für das allgemeine Wahlrecht ausgesprochen hatte.

Weit energischer als der „Bund" in seiner Gesamtheit tritt der sogenannte radikale Flügel der bürgerlichen Frauenbewegung — in der Hauptsache im „Verband fortschrittlicher Frauenvereine" zusammengeschlossen — für das Frauenwahlrecht ein. Aber für das allgemeine Wahlrecht hat auch er bis heute nicht programmatisch alle Organisationen verpflichtet, die sich zu ihm zählen. Nicht einmal die noch geltenden, 1904 revidierten Statuten des „Deutschen Verbandes für Frauenstimmrecht" enthalten die ausdrückliche Erklärung, daß das geforderte Frauenwahlrecht als allgemeines zur Einführung kommen müsse. Der Vorstand des Verbandes muß wohl endlich empfunden haben, wie ungenügend und schwächlich in der heutigen Situation die Prinzipienerklärung seiner „Satzungen" ist. Der Entwurf zu ihrer Abänderung, welcher die dritte Hauptversammlung im September 1907 beschäftigen soll, enthält unter § 3 den nachstehenden Passus: „Der Verband erstrebt das allgemeine, gleiche und direkte Wahlrecht für beide Geschlechter zu den gesetzgebenden Körperschaften und zu den Organen der Selbstverwaltung." Da der „Verband" bereits 1902 als „Verein für Frauenstimmrecht" gegründet worden ist, hat er sich reichlich Zeit gelassen, ehe er zu einer unzweideutigen Stellungnahme schritt. Daß sie einen Fortschritt bedeutet, erhellt aus einer Gegenüberstellung mit der Erklärung, durch welche Fräulein Augspurg als Vorsitzende des Verbandes 1905 die Anregungen beantwortete, eine Protestaktion gegen den Hamburger Wahlrechtsraub zu beschließen. „Wo es sich nur um absolute Männerrechte handelt, bei denen Frauenrechte gar nicht in Frage stehen," erklärte sie, „ist die Sache nicht prinzipiell genug, besondere Anstrengungen und Mittel aufzuwenden." Allerdings hat sich die Hamburger frauenrechtlerische Organisation doch noch in letzter Stunde zu einem bescheidenen Protest gegen den Wahlrechtsraub aufgerafft. Wir verzeichnen das als die eine Schwalbe, über deren Ankunft wir uns freuen, die aber leider noch keinen Sommer macht.

Die im Frühling d. J. gegründete „Liberale Frauenpartei" hat die Forderung des allgemeinen Wahlrechts in ihr Programm aufgenommen. Allein diese neugebackene Organisation umschließt nur einen sehr bescheidenen Bruchteil der radikalen Frauenrechtlerinnen, ist einstweilen praktisch bedeutungslos und kann — wie die Dinge gelagert sind — unserer Ansicht nach in Zukunft schwerlich zu Kraft und ausschlaggebender Wichtigkeit gelangen.

Der programmatisch ungeklärten und unverbindlichen Stellung der bürgerlichen Frauenbewegung in ihrer Gesamtheit zur Wahlrechtsfrage entsprechen ihre praktischen Lebensäußerungen dazu. Sie sind schwächlich und widerspruchsvoll, kennzeichnen sich überwiegend zum mindesten durch eine große Gleichgültigkeit gegen das allgemeine Wahlrecht und bedeuten zum Teil seine offene Preisgabe. Zum Beleg dafür einige Tatsachen, deren Richtigkeit eine Nachprüfung in der frauenrechtlerischen Literatur wie in der politischen Tagespresse erweist.

Im Winter 1901/02 richtete der radikale Verein „Frauenwohl" an den preußischen Landtag eine Eingabe, in welcher er für die Frauen das Gemeindewahlrecht verlangte. Etwa für alle Frauen? Mit nichten. Die radikalen Frauenrechtlerinnen wollten als Vollgemeindebürgerinnen nur Frauen gelten lassen, die mindestens ein Jahr am Orte ansässig wären und eine, wenn auch nur geringe, direkte Abgabe zahlten. Dieser Antrag lief in Wirklichkeit darauf hinaus, das Gemeindewahlrecht nur für die Damen und nicht für die proletarischen Habenichtse unter ihren „Schwestern" zu fordern. Es ist eine bekannte Tatsache, daß ein großer Teil des männlichen wie des weiblichen Proletariats des Wahlrechts beraubt wird, sobald die Seßhaftigkeit eine Vorbedingung der Wahlberechtigung ist. Das Wahlrecht von einer Steuerleistung abhängig machen, heißt ebenfalls nicht anderes, als zweierlei Recht für Besitzende und Nichtbesitzende schaffen. Das durch die Bedingung geschaffene Unrecht ist um so schreiender, als, nicht nach einzelnen, sondern nach Klassen gerechnet, die werktätigen Massen durch direkte und indirekte Steuern mehr zu dem Einkommen von Staat und Gemeinde beitragen, als die besitzende Minderheit. Dazu noch eins. Wir müssen die Frage aufwerfen: Wer zahlt in Wirklichkeit die Steuern der besitzenden Klassen? Das sind die Proletarier, ohne Unterschied des Geschlechts, das sind die Ausgebeuteten, die erst den Besitz schaffen.

Äußerst lehrreich wie die angezogene Eingabe ist auch die Haltung der nämlichen radikalen Frauenrechtlerinnen in den Reichstagswahlkämpfen von 1903 und 1907. Der „Verein für Frauenstimmrecht", der 1903 den ersten begrüßenswerten Versuch machte, die bürgerlichen Frauen in den Wahlkampf zu führen, schied von bornherein aus dem Aktionsprogramm die Forderung des Frauenwahlrechts aus, zu deren Durchsetzung er doch gegründet worden war. Offenbar wollte er durch diese blutige Selbstverhöhnung zeigen, mit welchem Recht er seinen Namen führt! In einem Wahlaufrufe forderte er die Frauen zur Unterstützung von Kandidaten auf, „die für Gerechtigkeit, Freiheit und Fortschritt eintreten." Unter einer höchst fadenscheinigen Begründung machte er in einem Rundschreiben seinen Anhängerinnen plausibel, daß für die Unterstützung eines Kandidaten ihrerseits „die Frage seiner Haltung gegenüber dem Frauenstimmrecht nicht ausschlaggebend zu sein braucht". Zu dieser Parole stimmte es, daß bekannte Führerinnen der radikalen Frauenrechtlerinnen in Berlin, Frankfurt a. M. und anderen Städten noch die Werbetrommel für Freisinnige und sonstige bürgerliche Liberale gerührt haben, die zum großen Teil dem Frauenwahlrecht gleichgültig, im besten Falle aber als laue Freunde gegenüberstanden. Und das ist das kennzeichnende: es handelte sich nicht um die Unterstützung bürgerlich Liberaler, die im Kampfe gegen Konservative und Zentrum standen, sondern die in der Hauptsache mit der Sozialdemokratie ringen mußten, der einzigen Partei, die in Deutschland geschlossen und grundsätzlich das Frauenstimmrecht verficht. Es sei dahingestellt, ob die radikalen Frauenrechtlerinnen sich in Hamburg tatsächlich der äußersten Schmach schuldig gemacht haben, den Liberalen im Kampfe gegen einen Bebel zu unterstützen, der in Deutschland zu den ersten und verdienstvollsten Vorkämpfern für die volle Gleichberechtigung des weiblichen Geschlechts zählt. Von glaubwürdiger Seite ist es berichtet, von den Damen selbst ist es bestritten worden; Behauptung steht gegen Behauptung. Aber selbst wenn dieser Fall schmachvollsten Verrats der Fraueninteressen aus dem frauenrechtlerischen Sündenregister ausscheiden sollte, ist das folgende unbestrittene Tatsache. Die radikalen Frauenrechtlerinnen sind gegen den Sozialdemokraten für den Liberalen in einem Hamburger Wahlkreis eingetreten, in dem die konservative Kandidatur bloße Zählkandidatur war, und die Wahlaktion der Damen mithin den ausgesprochenen Charakter einer Demonstration gutbürgerlicher Gesinnung gegen die

Sozialdemokratie trug. Etwas verändert hat sich das gleiche Schauspiel in der diesjährigen Wahlkampagne wiederholt.

Es illustriert die innere Zerfahrenheit und Schwäche, die auch im Lager der radikalen Frauenrechtelei herrscht, daß der „Verband für Frauenstimmrecht" — zu dem sich seither der frühere Verein gleichen Namens umgestaltet hat — nicht mit einer scharfumrissenen Parole zu einer einheitlichen Wahlaktion auf dem Plan erschienen ist. Wohl erinnerte der Vorstand in einem Zirkular daran, daß es Pflicht eines jeden Mitgliedes sei, sich lebhaft an den bevorstehenden Reichstagswahlen zu beteiligen, „indem es seine Arbeitskraft zur Propaganda für die Wahlarbeiten zur Verfügung stellt". Aber über einige Allgemeinheiten betreffs des Ziels dieser Arbeiten ist das Schriftstück nicht hinausgekommen. Es hieß darin, nachdem die Parteilosigkeit der Organisation wie üblich mit heiligem Eid beschworen: „Der Verband darf lediglich beanspruchen, daß seine Mitglieder nur für solche Kandidaten eintreten, die sich in öffentlichen und verbindlichen Formen für die politische Gleichberechtigung der Geschlechter zu erklären den Mut haben." Kein Wort des Dokuments verrät auch nur andeutungsweise, daß das begehrte Wahlrecht ein a l l g e m e i n e s Wahlrecht sein muß. Die dem Verband angegliederten Landesorganisationen traten der Losung der Zersplitterung entsprechend jede für sich in die Wahlarbeit ein. Sie gingen auch — wenigstens auf dem Papier — einen Schritt über die Schwächlichkeit des Verbandsvorstandes hinaus. Soweit uns bekannt ist, sind sie dem Beispiel des preußischen Landesausschusses für das Frauenstimmrecht gefolgt und haben das „allgemeine, gleiche, direkte und geheime Wahlrecht auch für Frauen" mit unter die Forderungen aufgenommen, die als ausschlaggebend für die zu gewährende Unterstützung der Kandidaten seitens der Mitglieder in Betracht kommen sollten. Dies offizielle Bekenntnis zum allgemeinen Wahlrecht ist übrigens erst nach der scharfen Kritik erfolgt, die auf der Konferenz der sozialistischen Frauen zu Mannheim an der Haltung der Frauenrechtlerinnen in der Wahlrechtsfrage geübt worden war. Indessen: besser spät als niemals.

Freilich ist auch das bescheidene prinzipielle Vorwärts in der Praxis fast bis zur Bedeutungslosigkeit zusammengeschrumpft. Und das, weil keine einzelne Frauenstimmrechtsorganisation den Mut haben durfte, eine einheitliche, prinzipielle Aktion durchzuführen, wollte sie nicht die Gefahr eines Auseinanderfallens der Organisation selbst heraufbeschwören. Das theoretische Märchen von der einen unteilbaren Frauenbewegung kann nur mittels der Uneinheitlichkeit und damit der Schwäche der Praxis am Leben erhalten werden. So wurde die Fahne des allgemeinen Wahlrechts wohl entfaltet, aber um sie zu verteidigen und zum Siege zu tragen, dazu geschah nur Widerspruchsvolles und Unzulängliches, ja in manchen Fällen wurde die Fahne geradezu dem Feind ausgeliefert. Die Frauenstimmrechtsorganisationen marschierten unter dem Eiapopeia von ihrer unbefleckten Unparteilichkeit in den Wahlkampf, denn sie stellten es ausdrücklich ihren Mitgliedern frei, nach ihrer persönlichen Ueberzeugung jeden Kandidaten, ohne Unterschied seiner Parteizugehörigkeit zu unterstützen, der Entgegenkommen gegen das aufgestellte Programm ad hoc bekunde. Die theoretische Unparteilichkeit schlug aber wieder in eine ausgesprochen bürgerliche Praxis um, welche das prinzipielle Recht des weiblichen Geschlechts preisgab. Von verschwindenden Ausnahmen abgesehen, ist das frauenrechtlerische Eintreten in den Wahlkampf nur den Kandidaten des bürgerlichen Liberalismus, vor allem aber den verschiedenen Schattierungen des bürgerlichen Freisinns zugute gekommen. Was aber bedeutet das, wenn man das Frauenwahlrecht und zwar als allgemeines Frauenwahlrecht zur Kampfesparole erhebt? Das mögen die folgenden Ausführungen zeigen.

V.
Die politischen Parteien und das Frauenwahlrecht.

Keine einzige der bürgerlichen liberalen und demokratischen Parteien ist in Deutschland zurzeit offiziell und programmatisch auf das Frauenstimmrecht verpflichtet, von keiner einzigen von ihnen ist daher eine energische und geschlossene Unterstützung dieser Forderung zu erwarten. Die drei freisinnigen Fraktionen haben sich auf einer Tagung mit der Frauenfrage so nebenher in oberflächlicher Weise auseinandergesetzt. Was das Frauenstimmrecht insbesondere anbelangt, so haben sie ihm die Almosen einiger freundlichen Redensarten zugeworfen, die durchblicken ließen, daß der „volle und ganze" Freisinn nicht mehr abgeneigt sei, später einmal, in nebelgrauer Zukunft, die Forderung in wohlwollende Berücksichtigung ziehen zu wollen. Die Deutsche Volkspartei hat auf ihrem letzten Parteitag zu München eine entschiedene Stellungnahme zu der Frage des kommunalen und erst recht des politischen Wahlrechts ebenfalls auf die lange Bank geschoben. Ihre einflußreichsten Führer bekämpfen die Forderung mit Spießbürgerwitzchen, die der Clown in dem Zirkus einer leidlich großen Stadt nicht mehr aufzutischen wagt. Jahrelang haben die vulgärsten Mätzchen gegen das Frauenstimmrecht zu den beliebtesten Pfeilen gehört, welche die Partei in ihrem Kampfe gegen die Sozialdemokratie von ihrem schlappen Bogen schnellte. Und noch im letzten Landtagswahlkampfe — Dezember 1906 — haben die um Haußmann und Payer in ihrem Kampfe gegen den „Umsturz" feierlich das Frauenstimmrecht als eine „blinde Ueberstürzung" abgeschworen, für die sich nur die utopienbegeisterte Sozialdemokratie erklären könne.

Was aber inmitten der bürgerlich liberalen und freisinnigen Parteien die einzelnen „Frauenrechtsfreunde" wert sind, zu denen die radikalen Frauenrechtlerinnen in der schwärmerischen Verzückung einer ersten Backfischliebe aufblicken: das haben erst kurz vor den letzten Reichstagswahlen wieder einmal Taten sinnenfällig enthüllt. Im Frühjahr 1906 mußte der Reichstag über einen Antrag der Sozialdemokratie verhandeln, der zu den Parlamenten aller Bundesstaaten die Einführung des allgemeinen, gleichen, direkten und geheimen Wahlrechts für alle großjährigen Staatsangehörigen ohne Unterschied des Geschlechts forderte, also das Frauenwahlrecht in sich begriff. Alle bürgerlichen Parteien haben versagt, das allgemeine Wahlrecht überhaupt, das Frauenwahlrecht insbesondere auch nur im Prinzip zu einem Siege zu führen. Ausnahmslos haben sie gegen den sozialdemokratischen Antrag gestimmt, und die Freisinnigen obendrein mit der ausdrücklichen Begründung, ihm nicht beitreten zu können, weil er die Forderung des Frauenwahlrechts enthalte. Doch mehr noch. Das Frauenstimmrecht wurde auch von den vereinzelten bürgerlichen Politikern schnöde im Stich gelassen, die in der Theorie für diese Forderung schwärmen und von den bürgerlichen Frauenrechtlerinnen als die verdienstvollsten und zuverlässigsten Vorkämpfer für die volle Gleichberechtigung der Geschlechter über den grünen Klee gefeiert werden. So der Ueberall-und-nirgends-Herr v. Gerlach. Er verbeugte sich zwar verbindlich lächelnd vor dem Prinzip des Frauenwahlrechts, schlachtete es aber skrupellos den „parteipolitischen" Interessen des Freisinns. Auch er betonte, aus „Zweckmäßigkeitsgründen" gegen die Forderung und ihretwegen gegen den ganzen sozialdemokratischen Antrag zu stimmen. Der bürgerliche Freisinn hielt es für nötig, etwas später, im Frühjahr 1906, seine Ablehnung des Frauenstimmrechts nochmals im Reichstage mit stolzgeschwellter Männerbrust zu verkünden. Es handelte sich um die Beratung eines Antrags, für das Reich ein einheitliches und freies Vereins- und Versammlungsrecht zu schaffen, das Frauen und Männer mit gleichem Maße messen sollte. Die Sozialdemokratie benützte auch diese Gelegenheit, um eine Lanze für das Frauenstimmrecht zu brechen. Herr Pachnicke aber erhob im Namen des Freisinns den Schwurfinger und gab allen Philistern und Reaktionären unter Berufung auf die angeführte Abstimmung die beruhigende Versicherung: „Es herrscht unter den freisinnigen Parteien nahezu Einstimmigkeit darüber, daß augenblicklich dieser Forderung nicht nachzugeben sei."

Wie anders dagegen die Haltung der Sozialdemokratie zur strittigen Frage! Kaum daß sie als Partei geboren war, hat sie auch die Forderung gleichen Rechts für Mann und Weib in ihr Programm aufgenommen. Mit prinzipieller Klarheit und Einmütigkeit hat sie sich angelegen sein lassen, dem in der Theorie anerkannten Bürgerrecht der Frau auch in der Praxis Geltung zu verschaffen. Die Sozialdemokratie ist in Deutschland die Frauenstimmrechtsorganisation par excellence. In Tausenden und Abertausenden von Versammlungen, in denen sie jahraus jahrein ihre Lehren, ihre Forderungen begründet, wird die Berechtigung des Frauenwahlrechts nachgewiesen. Die proletarische Frauenbewegung insbesondere hat wiederholt über das ganze Reich eine systematische Agitation entfaltet, die ausschließlich dem vollen, dem höchsten politischen Recht des weiblichen Geschlechts galt. Die Genossen Bebel, v. Vollmar und viele andere noch sind je und je im Reichstag und in den Landtagen verschiedener Einzelstaaten nachdrücklich für das Frauenwahlrecht eingetreten. Und die Sozialdemokratie hat sich nicht mit der gelegentlichen Begründung der Forderung im Parlamente begnügt. Sie hat diese auch zu positiven Anträgen verdichtet. Als erste und bisher noch immer einzige unter allen Parteien hat die Sozialdemokratie bereits 1895 im Reichstage einen Antrag eingebracht, daß in allen Bundesstaaten die Parlamente beruhen müssen auf dem allgemeinen, gleichen, direkten und geheimen Wahlrecht aller großjährigen Staatsangehörigen, ohne Unterschied des Geschlechts. Die Verhandlung des Antrages gab ihr Gelegenheit, die Forderung des Frauenwahlrechts großzügig und energisch von der bedeutsamsten Tribüne des Reichs aus zu begründen. Die bürgerlichen Parteien standen ihr in geschlossener Front entgegen. Im sächsischen Landtag haben unsere Genossen einen entsprechenden Antrag gestellt und verteidigt. Als die Sozialdemokratie im Winter 1905/06 den Kampf für die Demokratisierung des Wahlrechts in Preußen, Sachsen usw. aufnahm, hat sie auch die Forderung des Frauenstimmrechts erhoben. In den großen Demonstrationsversammlungen wie in der Presse ist sie verfochten worden. Sie gelangte auch in dem Antrag zu ihrem Recht, den die Sozialdemokratie im Reichstag stellte und begründete, und der sich im wesentlichen mit dem des Jahres 1895 deckte. Kurz: in Deutschland ist die Sozialdemokratie die getreueste und eifrigste Vorkämpferin für die volle politische Gleichstellung der Geschlechter. Sie hat den Gedanken des Frauenwahlrechts in die breitesten Massen getragen und hat ihm hier verständnisvolle Anhänger und Verteidiger — Männer wie Frauen — geworben. So verdienstvoll auch ist, was trotz aller ihrer historisch erklärlichen Gebrechen die bürgerliche Frauenbewegung geleistet hat, um das Vorurteil gegen das weibliche Geschlecht wegzuräumen und diesem das Wahlrecht zu erringen: es erscheint zwergenhaft neben dem revolutionären Werk, das die Sozialdemokratie in dieser Beziehung unter den Massen vollbringt.

Doch zurück zu unserem „Hammel", zur Haltung der bürgerlichen Frauenrechtlerinnen im Wahlkampf. Um ihre Bedeutung für uns Sozialistinnen, für die proletarischen Frauen in aller Schärfe zu erkennen, dürfen wir uns nicht damit begnügen, die Stellungnahme der verschiedenen politischen Parteien zum Frauenstimmrecht allein kritisch zu prüfen. Wir müssen vielmehr ihr Verhalten zum Wahlrecht überhaupt ins Auge fassen. Denn daraus können wir zunächst schlußfolgern, ob diese Parteien unter gegebenen Umständen für ein allgemeines Frauenwahlrecht oder nur für ein beschränktes Damenwahlrecht eintreten werden, welches die Masse der Proletarierinnen leer ausgehen läßt. Des weiteren aber ist das von höchster Bedeutung dafür, ob den Männern des Proletariats das allgemeine Wahlrecht gesichert bleibt, damit aber ein vorzügliches Mittel, außerhalb und innerhalb des Parlaments für das Frauenstimmrecht und alle Reformen zu kämpfen, die im proletarischen Klasseninteresse liegen. Doppelt wichtig ist die Auskunft auf unsere Frage angesichts der Wahlrechtsräubereien und des zähen Widerstands gegen die Demokratisierung des Wahlrechts in den Bundesstaaten; angesichts auch des offenen und verhüllten Hasses, mit dem die herrschenden Klassen das Reichstagswahlrecht beehren.

Nun pfeifen es aber in unseren Tagen die Spatzen von den Dächern, daß der bürgerliche Liberalismus aufgehört hat, ein treuer Schützer des allgemeinen Wahlrechts zu sein. Die Nationalliberalen verschleiern kaum noch ihre bittere Feindschaft gegen das allgemeine Wahlrecht, die Freisinnigen verschiedener Richtung bekennen sich zwar „unentwegt" mit den Lippen zu ihm, aber in ihren Taten sind sie ihm ferne. Das alles bekunden Äußerungen der einflußreichsten Preßorgane und Parteiführer, sowie vor allem Begebnisse in Gemeinden und Einzelstaaten. Die Nationalliberalen haben den Wahlrechtsraub in Sachsen, Hamburg und Lübeck mit auf dem Gewissen, sie haben in Bayern die Massen solange als nur möglich um eine Reform des Wahlrechts geprellt. Bei den Wahlrechtsräubereien in Kiel, Königsberg und anderen Kommunen noch haben die Freisinnigen ihr Händchen im Spiel gehabt. Solange sie in Preußen die Macht hatten, haben die Herren sie nie für das allgemeine Wahlrecht eingesetzt. Das war es ja, was Lassalle bestimmte, die Arbeiter als Klassenpartei um das Banner des allgemeinen Wahlrechts zu sammeln und sie gegen die bürgerliche Demokratie zu führen. Und bis heute hat sich der Freisinn noch nicht zu einem einzigen kraftvollen Ansturm gegen die preußische Dreiklassenschmach erhoben.

Wenn wir zu den politischen „Kindern und Bettlern" gehörten, die „hoffnungsvolle Toren" sind, so könnten wir das alles als „vorübergehende Erscheinung" deuten. Wir vermöchten mit Naumann und Geistersehern seiner Art von einem „Aufschwung des Liberalismus" zu träumen, der alle „wahrhaft freigesinnten Elemente" zum Kampfe für die Eroberung bezw. Verteidigung des allgemeinen Wahlrechts einen wird. Die Geschichte verbietet uns so liebenswürdige Illusionen. Das allgemeine Wahlrecht ist nie das Wahlrecht nach dem Herzen der Bourgeoisie gewesen, deren politische Vertreter die Liberalen doch sind. Die politische „Freiheit, die sie meinte", war stets und überall die plutokratische Beschränkung des Zensuswahlrechts. Das allgemeine Wahlrecht gehört zu jenen ideologischen Reminiszenzen alter Jugendsünden, die der Liberalismus in sein Programm aus den stürmischen Tagen übernommen hat, da die Bourgeoisie in ihrer Auseinandersetzung mit dem Feudalismus der kleinbürgerlichen und proletarischen Massen benötigte. Mit der Befestigung der bourgeoisen Klassenherrschaft wächst die Gleichgültigkeit, mit der Bedrohung dieser Klassenherrschaft durch das Proletariat aber steigt der Haß der Liberalen gegen das allgemeine Wahlrecht. Was aber die rötlich angehauchten „Freisinnigen" aller Namen anbelangt, so verraucht ihre schöne Leidenschaft für das „Prinzip der reinen Demokratie" in dem Maße, als dank der kapitalistischen Produktion die Um- und Neubildung sozialer Schichten, als die Klassenscheidung schärfer vor sich geht und die verschwommenen politischen Urnebel des „Volkes", der „kleinen Leute" sich zu festen politischen Körpern zusammenballen, deren Bahnen durch ökonomische, durch Klasseninteressen bestimmt werden. Je mehr Kleinbürgertum und Kleinbauerntum in ihrer wirtschaftlichen Existenz erschüttert und zersetzt an politischer Bedeutung als Klassen verlieren und die Gefolgschaft der „Mittelstandsretter", Antisemiten, Bauernbündler und anderer reaktionärer Gruppen bilden; je mehr das Proletariat seiner wirtschaftlichen Rolle entsprechend an Zahl und Bedeutung zunimmt und sich als Klasse im Lager der Sozialdemokratie konzentriert: um so bourgeoiser, kapitalistischer wird die Politik der bürgerlichen „Volksparteien", um so unzweideutiger vollzieht sich die Sammlung des Liberalismus nach rechts hin. Nicht der Kampf **für** das allgemeine Wahlrecht, der Kampf **gegen** es — hinter welcher Maske er sich auch bergen möge — wird je länger je überwiegender die Sorge der „geeinten" Liberalen. Das allgemeine Wahlrecht ist nicht der Schlußstein der bürgerlichen Emanzipation. Es steht — von den Ländern mit alter bäuerlicher Demokratie abgesehen — an der geschichtlichen Schwelle, wo das proletarische Emanzipationsringen beginnt; es ist das Schiboleth im Kampfe zwischen den ausbeutenden und den ausgebeuteten Klassen der kapitalistischen Ordnung; die geschichtliche Entwickelung legt seine Eroberung und seinen Schutz immer mehr in die Hände des Proletariats.

VI.
Die bürgerliche Frauenbewegung und die politischen Parteien.

Das angeführte Tatsachenmaterial steht nicht „in Keilschrift auf drei Ziegelstein'" verzeichnet, es dürfte auch den Frauenrechtlerinnen bekannt sein. Wollten sie daher für das Frauenstimmrecht kämpfen — und zwar als allgemeines Frauenwahlrecht, nicht als Damenwahlrecht —, so müßten sie offen aussprechen: die Forderung voller sozialer und politischer Gleichberechtigung des weiblichen Geschlechts zählt in Deutschland unter den politischen Parteien nur eine einzige wirklich zuverlässige, treue Verteidigerin: die Sozialdemokratie. Allein vor diesem

Eingeständnis hütet sich die bürgerliche Frauenbewegung, wenn auch einzelne ihrer Trägerinnen gelegentlich dem Kampfe der Sozialdemokratie für volles Frauenrecht Gerechtigkeit widerfahren lassen. Noch ängstlicher aber als vor dem Bekenntnis dessen, was ist, scheuen sich die Damen, im Kampfe für das Frauenwahlrecht die Konsequenz der tatsächlichen Verhältnisse zu ziehen. Schreckten sie nicht davor zurück, sie hätten, um die letzten Reichstagswahlen dem Ringen für das allgemeine Frauenstimmrecht nutzbar zu machen, in erster Linie und in der Hauptsache die Kandidaten der Sozialdemokratie unterstützen müssen. Denn bürgerliche Kandidaten konnten sich günstigenfalls für ihre Person, jedoch nie für ihre Partei zum Eintreten für das Frauenstimmrecht verpflichten. Was aber haben wir erlebt?

Trotz der vorliegenden Tatsachen und des offiziellen Bekenntnisses zum allgemeinen Wahlrecht für beide Geschlechter haben die radikalen Frauenrechtlerinnen in vielen Wahlkreisen im Kampfe gegen die Sozialdemokratie liberale und freisinnige Kandidaten unterstützt, die sich im günstigsten Falle als flaue Verfechter des Frauenwahlrechts erwiesen haben, von denen jedoch manche der Forderung völlig gleichgültig und verständnislos gegenüberstanden und für sie höchstens notgedrungen ein paar unverbindliche Phrasen vom Tisch ihrer Wahlversprechungen fallen ließen. Mitglieder des „Verbandes für Frauenstimmrecht" haben sogar hier und da die Wahl von Kandidaten unterstützt, von deren Stellungnahme zum Frauenwahlrecht nicht einmal das gesagt werden kann. Kurz: wenn auch nicht offiziell anerkannt und proklamiert, so hat sich doch in der Praxis im allgemeinen siegreich die Parole durchgesetzt, welche die frauenrechtlerische Führerin Fräulein Heymann auf der zweiten Hauptversammlung des „Verbandes für Frauenstimmrecht" in Berlin im Oktober 1905 in ihrem Referat über die Beteiligung der Frauen an den Kommunal- und Landtagswahlen eindringlichst empfohlen hatte. Diese Parole aber lautete: Unterstützung der bürgerlichen Liberalen allein.

Zwei Gründe sind es, welche die Frauenrechtlerinnen zur Rechtfertigung ihrer Haltung geltend machen. Zunächst behaupten sie, daß der „entschiedene" bürgerliche Liberalismus mehr und mehr sein Herz für Frauenrechte entdeckt habe und sich zu einer tatkräftigen Vertretung der politischen Emanzipation des weiblichen Geschlechts durchmausere. Mit dem Eifer berufsmäßiger Wahrsagerinnen lesen sie aus dem Kaffeesatz unverbindlicher Redensarten und Viertels-Konzessiönchen die Bestätigung ihrer teuersten Hoffnungen heraus. Wie grausam die Wirklichkeit diese Hoffnungen bis jetzt noch enttäuscht hat, erhellt aus den oben angeführten Tatsachen zur Genüge. Aber die Frauenrechtlerinnen gehören als Glieder einer Klasse, die sich auf dem absteigenden Aste ihrer Entwickelung befindet, zu jenen, die am Grabe noch die Hoffnung aufpflanzen. Während sie z. B. auf der erwähnten Hauptversammlung noch selig verzückt in der Erinnerung der liberalen Arme schwelgten, die sie während des Landtagswahlkampfes in Bayern „offen aufgenommen hatten", applizierten ihnen liberale Beine einen außerordentlich kräftigen Fußtritt. Die Partei der bayerischen Liberalen, deren „Erneuerung" den Damen bereits im Geiste geschmeckt hatten, brachte bei Beratung einer Petition ganze armselige drei Stimmen für das Frauenwahlrecht auf. Man sollte meinen, das hätte ernüchternd wirken müssen. Weit gefehlt! Fräulein Augspurg entdeckte zu rechter Zeit, daß nur sechs Liberale an der betreffenden Landtagsverhandlung teilgenommen hatten. Sie setzte sich flugs hin, rechnete und rechnete und erfreute sich und die bürgerlichen Frauen mit dem pompösen Resultat, daß in Bayern schon 50 Proz. der Liberalen für das Frauenwahlrecht eingetreten seien! Wenn die bürgerlichen Frauenrechtlerinnen ihre Hoffnungen, das Frauenwahlrecht dank liberaler Unterstützung zum Siege zu führen, auf derartige kindische Rechenstückchen gründen, so können wir den Damen nur wünschen, daß recht bald nicht mehr als ein einziger Liberaler im bayerischen Landtage existieren möge. Sie können dann — die gleichen Umstände vorausgesetzt — triumphierend verkünden, daß 100 Proz. der Nationalliberalen für das allgemeine Frauenwahlrecht gestimmt haben. Jedoch was kindisch erscheint, hat seinen Sinn. Es wird verständlich als instinktiver oder bewußter Ausdruck der Klassenlage der bürgerlichen Frauenwelt. Durch ihre Klassenlage wird diese getrieben, sich im Lager der bürgerlichen Parteien zu sammeln. Und je weniger der bürgerliche Liberalismus vorläufig noch entschieden und geschlossen den Kampf um das Bürgerrecht der Frau aufnimmt: zu um so kleinlicheren und spitzfindigeren Kniffen müssen die Frauenrechtlerinnen ihre Zuflucht nehmen, wollen sie den Schein erhalten, daß sie nur im Namen der Gleichberechtigung des weiblichen Geschlechts die Unterstützung der Liberalen im Kampfe gegen die Sozialdemokratie empfehlen.

Der zweite Grund, mit dem die Frauenrechtlerinnen ihre Hand- und Spanndienste für den bürgerlichen Liberalismus erklären, ist die angebliche Unzuverlässigkeit und Schwächlichkeit der Sozialdemokratie im Kampfe für die volle Emanzipation des weiblichen Geschlechts, das Frauenwahlrecht im besonderen. Was wir weiter oben an Tatsachen erwähnt haben, um die Haltung der verschiedenen Parteien dem Frauenwahlrecht gegenüber zu charakterisieren, erweist die frauenrechtlerische Beschuldigung als eitel Verleumdung. Die Damen müssen denn auch aus Deutschland ins Ausland gehen, um ihre Behauptung wenigstens mit einem Schein von Berechtigung zu umkleiden. Sie verweisen darauf, daß in Belgien und Holland sich einzelne sozialistische Führer abfällig oder wenigstens kritisch über das Frauenwahlrecht geäußert haben. Sie führen an, daß in Belgien, Schweden und Oesterreich die sozialistische Partei im Kampfe um das Wahlrecht aus taktischen Erwägungen die Forderung des Frauenwahlrechts momentan etwas in den Hintergrund gerückt hatte. Lagen aber die Dinge in den betreffenden Ländern etwa so, daß sie ein höheres Vertrauen der Frauenrechtlerinnen in den angeschwärmten bürgerlichen Liberalismus als in die gescholtene sozialistische Partei begründen? Keineswegs, gerade das Gegenteil trifft zu. Auch in Belgien, Schweden und Oesterreich hat sich die sozialistische Partei trotz allem noch immer als weit zuverlässigere Vorkämpferin für das Bürgerrecht des weiblichen Geschlechts erwiesen wie die bürgerlichen Liberalen. In Belgien insbesondere aber hat die sozialistische Arbeiterpartei in ihrer letzten großen Kampagne für die Demokratisierung des Wahlrechts die Forderung des Frauenstimmrechts wie die Herabsetzung des Wahlalters unter dem Einfluß des Zusammengehens mit den nämlichen Liberalen fallen lassen, in deren „offene Arme" sich zu stürzen den deutschen Frauen angesonnen wird. Aber überhaupt, welchen Sinn hat gerade in Deutschland das ganze frauenrechtlerische Gehabe von der Lässigkeit der Sozialdemokratie im Kampfe für Frauenrecht? Die Damen mögen uns eine einzige bürgerliche Partei nennen, die in diesem Kampfe nicht etwa mehr geleistet hat, als die Sozialdemokratie; nein, wir wollen bescheiden sein, nur annähernd so viel wie sie; sie mögen uns die frauenrechtlerische Organisation zeigen, die nachhaltiger und ernster für das Frauenwahlrecht wirkt als sie: und wir gestehen ihnen das Recht zu, Steine auf die Partei des klassenbewußten Proletariats werfen zu dürfen.

Das Klagen und Keifen über den Verrat der Frauenrechte durch die Sozialdemokratie ist nichts als hohler Lärm, der die Tatsache übertönen soll, daß auch den radikalen Frauenrechtlerinnen ihre Interessen als Glieder der bürgerlichen Klasse mehr am Herzen liegen als ihre volle soziale Wertung und Befreiung als Frauen. Was als Unkonsequenz der Auffassung erscheint, als klaffender Gegensatz zwischen dem Ziele und dem Wege des frauenrechtlerischen Kampfes, das offenbart sich als Konsequenz der Klassenlage, das ordnet sich in geschlossener Einheitlichkeit dem bürgerlichen „Endziel" unter: die bürgerliche Ordnung der Klassengegensätze im Interesse der ausbeutenden und herrschenden Klassen zu erhalten. Nur im Lichte dieser geschichtlich begründeten Tatsache wird erklärlich, daß Frauen, welche die Gleichberechtigung des weiblichen Geschlechts auf ihr Banner geschrieben haben, den bürgerlichen Liberalismus unterstützen, der diese Gleichberechtigung ablehnt und die Sozialdemokratie schmähen und bekämpfen, welche grundsätzlich für die volle Emanzipation des Weibes eintritt. Fräulein Heymann hat es übrigens auf dem Verbandstag der Frauenstimmrechtsorganisationen 1905 mit erfrischender Deutlichkeit ausgesprochen, warum die Frauenrechtlerinnen den bürgerlichen Liberalismus unterstützen und zur Sammlung um ihn blasen. „Die bürgerlichen Frauen können die Klassenpolitik der Sozialdemokratie nicht mitmachen," erklärte sie. Das stimmt! Jedoch nur in politischen Kleinkinderstuben wird man die Schlußfolgerung glauben, welche die Damen mit süßgespitzten Mündchen flüstern. Nämlich, daß sie als Bundesschwestern der Liberalen in ethischer Verklärung statt eines Klasseninteresses das Allgemeininteresse vertreten. Eine jede ernsthaft zu nehmende politische Partei treibt Klassenpolitik und muß sie treiben, solange eine Gesellschaft der Klassengegensätze besteht. Nur politische Träumer, Hansnarren und Gaukler können sich als Uebermenschen geberden, die jenseits der Klassengegensätze eine Allerweltsheilpolitik verwirklichen. Nicht, daß die Sozialdemokratie eine Klassenpolitik verfolgt, scheidet sie also von den bürgerlichen Parteien, sondern daß sie dieselbe im Interesse der ausgebeuteten Massen verfolgt und nicht — wie ihre Gegner — im Interesse der ausbeutenden Minderheit. Indem die bürgerlichen Frauenrechtlerinnen die Trommel zur Unterstützung des bürgerlichen Liberalismus rühren, treten sie als Kämpferinnen für das bürgerliche Klasseninteresse in die Schranken.

Es fällt uns nicht ein, den Damen einen Vorwurf aus ihrer Stellungnahme zu machen. Sie ist historisch erklärlich und darum berechtigt, denn sie ist begründet in der Klassenlage der bürgerlichen Frauenwelt. Was aber zu scharfer Kritik und Abwehr herausfordert, das ist das Gemisch von ehrlicher Konfusion und bewußter Heuchelei, mit welchem die Damen die Interessen der bürgerlichen Frauen mit denen des gesamten weiblichen Geschlechts identifizieren, mit welchem sie in dessen Namen die sanften Wänglein aufblasen, um sich auch den Proletarierinnen als Verfechterinnen ihres Rechts angelegentlichst zu empfehlen, während ihre Praxis doch auf die Vertretung bürgerlicher Klasseninteressen hinausläuft. Werten wir die bürgerliche Frauenrechtelei nicht nach ihren Reden, sondern nach ihren Taten, so stellt sich heraus — wir glauben das überzeugend dargetan zu haben — daß ihnen

Damenrecht vor Frauenrecht, bürgerliches Klasseninteresse vor dem Interesse der proletarischen Massen und damit der Menschheitsentwickelung geht.

Das stark zu betonen und zu erklären ist unerläßlich nötig. Die proletarischen Frauen müssen sich klar darüber sein, daß sie nicht darauf zählen dürfen, im Kampfe für ihre volle politische Gleichberechtigung in den bürgerlichen Frauen konsequente, zuverlässige Mitstreiterinnen zur Seite zu haben. Unseres Wissens haben sich z. B. die norwegischen Frauenrechtlerinnen ruhig mit der Einführung des kommunalen Zensuswahlrechts begnügt und seither nicht den Kampf dafür aufgenommen, es zum allgemeinen Frauenwahlrecht zu erweitern. Als jüngst die Einführung eines beschränkten Frauenwahlrechts zu dem Storthing vor der Tür stand, haben sie nicht mit der sozialistischen Arbeiterpartei und den klassenbewußten Proletarierinnen des Landes zusammen für das allgemeine Frauenwahlrecht gekämpft. Sie sind der letzten großen sozialistischen Demonstration für das allgemeine Wahlrecht aller großjährigen Staatsbürger ohne Unterschied des Geschlechts ferngeblieben. In Holland brachten die bürgerlichen Demokraten einen Antrag in der Kammer ein, der das Frauenstimmrecht forderte, aber gleichzeitig festgelegt wissen wollte, unter welchen Bedingungen das Frauenwahlrecht gewährt werden solle. Mit anderen Worten: der Antrag forderte das Frauenwahlrecht nicht als allgemeines Recht, sondern nur als Recht des weiblichen Besitzes, als Zensuswahlrecht. Die bürgerlichen Frauenrechtlerinnen haben ihre Zustimmung zu diesem Antrag erklärt. Das heißt nichts anderes, als daß sie das Recht der „ärmeren Schwestern" preisgegeben haben.

Uns ist nur ein Beispiel bekannt, daß bürgerliche Frauenrechtlerinnen von Anfang an bis heute unzweideutig und entschieden für das allgemeine Wahlrecht eingetreten sind. Die Gründerinnen des „Allgemeinen Oesterreichischen Frauenvereins" haben diese Forderung 1891 in der ersten Petition erhoben, die in Oesterreich von Frauen dem Reichsrat zur Frage des Frauenwahlrechts eingereicht wurde. Die Petition enthielt die folgenden trefflichen Sätze: „Wir wollen nicht, gleich unseren männlichen Mitbürgern, nur Vor- und Sonderrechte für eine bestimmte Klasse begehren und andere Klassen von jenen Vorteilen ausgeschlossen wissen, die wir für uns zu erlangen trachten. Nein, das erstemal, wo österreichische Frauen sich mit der Bitte um Gewährung politischer Rechte an den Reichsrat wenden, soll auch gleich kundgetan werden, daß wir Frauen die Bedürfnisse der modernen Welt verstehen, und daß der Grundsatz der Gleichheit aller, die ein Menschenantlitz tragen, uns tief ins Herz geschrieben steht. Wir machen uns daher zu Dolmetschen der sehnlichsten Wünsche aller Nationen dieses weiten Reiches, indem wir die Gewährung des Wahlrechts an alle großjährigen und eigenberechtigten Staatsbürger und Staatsbürgerinnen erbitten, also die Einführung des allgemeinen, gleichen und direkten Wahlrechts ohne Unterschied der Steuerleistung, des Standes und Geschlechts." Wir haben die Geschichte der Frauenstimmrechtsorganisationen in Deutschland und anderen Ländern noch vergeblich nach einem Dokument durchstöbert, das sich an Klarheit und Entschiedenheit der Stellungnahme mit der erwähnten Petition messen könnte.

VII.
Das beschränkte Frauenwahlrecht.

Die klare Erkenntnis dessen, daß die Proletarierinnen in ihrem Kampfe für das Wahlrecht nicht auf nennenswerte, besonders aber nicht auf treue Unterstützung von bürgerlicher Seite hoffen dürfen, gewinnt aber dank eines Umstandes in unseren Tagen erhöhte Wichtigkeit. Es ist die Rolle, welche das beschränkte Frauenwahlrecht zu spielen beginnt, eine Rolle, die weniger bedeutsam für den Kampf um die politische Emanzipation des gesamten weiblichen Geschlechts, als für den um die Eroberung der politischen Macht durch das Proletariat ist. In der Tat: wie heute die Dinge liegen, kann das beschränkte Frauenstimmrecht seiner praktischen Bedeutung nach nicht in erster Linie als fortschrittliche Errungenschaft, als Konzession an die Forderungen des weiblichen Geschlechts gewürdigt werden. Es tritt vor allem als reaktionäre Maßregel auf, bestimmt, dem wachsenden Einfluß der proletarischen Massen eine Fessel anzulegen. Bestimmte geschichtliche Umstände, die später erörtert werden, bewirken, daß in den Klassen der Besitzenden die Neigung zur Einführung eines Frauenwahlrechts wächst, das an einen Zensus geknüpft ist.

Ist aber ein beschränktes Frauenstimmrecht gleichbedeutend mit der politischen Gleichberechtigung des weiblichen Geschlechts; muß die sozialistische, die Arbeiterbewegung, um ihrem Programm und ihrem Wesen getreu zu bleiben, auch den Kampf für ein beschränktes Frauenstimmrecht führen? Das ist eine Frage, vor welche höchstwahrscheinlich in naher Zukunft die sozialistischen Arbeiterparteien aller Länder gestellt werden. Das ist eine praktische Frage, vor welcher die sozialistische Arbeiterbewegung in Norwegen schon gestanden ist, und vor welcher die von England steht. Bei der Antwort darauf muß unseres Erachtens das Folgende berücksichtigt werden.

Prüft man das beschränkte Frauenstimmrecht genau, so erweist es sich im letzten Grunde immer als ein mehr oder weniger verhülltes Recht des Geldbeutels, des Besitzes. Es trägt ein demokratisches Mäntelchen, hat aber eine plutokratische Seele. Es ist zwiespältiger Natur und charakterisiert sich dadurch schon als ein legitimes Kind des Kapitalismus. Seinem innersten Wesen nach bedeutet es weit weniger die erste Stufe zur politischen Gleichberechtigung des gesamten weiblichen Geschlechts, als die letzte Stufe der sozialen, der politischen Emanzipation des Besitzes. Es verwirklicht nur die politische Gleichberechtigung zwischen den Besitzern von gleich großen Vermögen, bezw. Einkommen. Es mißachtet daher das Recht der Frau als Persönlichkeit und anerkennt nur ihre Macht als Besitzerin von Eigentum. Es verleiht der Frau nicht Bürgerrecht, *weil* sie eine Frau, sondern *obgleich* sie eine Frau ist, nur weil sie als Besitzende auftritt. Was es emanzipiert, ist also nicht das weibliche Geschlecht, wohl aber den weiblichen Geldbeutel, das weibliche Einkommen. Es läßt folglich auch die breiten Massen der nichtbesitzenden Frauen nach wie vor rechtlos.

Das an einen Zensus geknüpfte Frauenwahlrecht schränkt wohl ein altes soziales Unrecht ein, aber es hebt dieses nicht auf, und es schafft gleichzeitig ein neues soziales Unrecht. Das neue Unrecht trifft zunächst die Mehrzahl des weiblichen Geschlechts, das es politisch zu emanzipieren vorgibt, des weiteren aber die ganze Klasse, der die Mehrzahl angehört, das Proletariat. Das Prinzip der Gleichberechtigung, das in der Theorie für das ganze weibliche Geschlecht gelten soll, kommt in der Praxis nur einem Teile desselben zugute. Das beschränkte Frauenstimmrecht läßt im Widerspruch mit dem Prinzip, auf das es sich beruft, die politische Rechtlosigkeit vieler, ja der meisten Frauen fortbestehen. Es schreibt ihre politische Unfreiheit aber auf ein anderes Konto: es begründet sie nicht mehr mit der Zugehörigkeit zu einem Geschlecht, sondern mit der Zugehörigkeit zu einer Klasse. Nicht weil sie Frauen sind, sondern weil sie Arme, Ausgebeutete sind, vorenthält es ihnen das Bürgerrecht. So trägt es das Brandmal einer ausgesprochenen Klassenmaßregel. Die wirtschaftliche und soziale Vorrechtsstellung der Damen der Aristokratie und Bourgeoisie verstärkt es noch durch ein politisches Monopol. Der wirtschaftlichen und sozialen Unterdrückung der Frauen des Volkes aber fügt es noch die politische Rechtlosigkeit hinzu. Kurz, es gibt politische Macht, denen, die ohnehin dank ihrem Besitze und ihrer Stellung über bedeutenden sozialen Einfluß verfügen, und es läßt mit leeren Händen die stehen, welche als Nichtbesitzende des Stimmzettels am dringendsten als eines Mittels bedürfen, auch ihrerseits zu sozialem Einfluß zu gelangen.

Aber die beiden Kategorien von Frauen, welche das beschränkte Stimmrecht schafft — die politisch emanzipierten und die politisch rechtlosen —, stehen in der Gesellschaft nicht allein für sich. Sie sind durch die engste Solidarität der Interessen mit den beiden Klassen verbunden, denen sie angehören: der Klasse der Besitzenden und Ausbeutenden die einen, der Klasse der Besitzlosen und Ausgebeuteten die anderen. Zwischen diesen beiden Klassen gähnt ein Gegensatz der Interessen, den kein Gerede von der allgemeinen „Schwesternschaft aller Frauen" zu überbrücken vermag. Das beschränkte Frauenstimmrecht zeigt ihn mit aller Deutlichkeit auf und vergrößert ihn. Infolge dieser Zusammenhänge reicht das beschränkte Frauenstimmrecht in seinen Wirkungen über die Frauenwelt selbst hinaus und erweist sich als eine Maßregel, welche die Besitzenden ohne Unterschied des Geschlechts bevorrechtigt zum Schaden der Nichtbesitzenden ohne Unterschied des Geschlechts. Den Gesetzen der Klassensolidarität entsprechend gebrauchen die politisch emanzipierten reichen und wohlhabenden Frauen ihren Stimmzettel in der Hauptsache dazu, um die Machtstellung und damit die Ausbeutungsmöglichkeit der besitzenden Klassen zu stärken. Das heißt nichts anderes, als daß sie die gewonnene politische Gleichberechtigung gegen die gesamte Klasse des Proletariats und damit auch gegen „die ärmeren Schwestern" kehren. Denn das Interesse der Arbeiterinnen und Arbeiterfrauen fordert nicht bloß die Einschränkung der Machtstellung und Ausbeutungsmöglichkeit der besitzenden Klassen, sondern mehr: die radikale Ueberwindung dieser Macht und Ausbeutung durch die Aufhebung der kapitalistischen Ordnung. Weit davon entfernt, auch nur die politische Unfreiheit des gesamten weiblichen Geschlechts zu beseitigen, ist das beschränkte Frauenstimmrecht ein Mittel, durch die Befestigung der Macht der besitzenden Klassen die politische und soziale Knechtschaft der gesamten ausgebeuteten Masse aufrecht zu erhalten. Kein Wunder daher, daß in allen Ländern die Reaktionäre jeglicher Schattierung beginnen, für das beschränkte Frauenstimmrecht zu schwärmen. Sie erkennen mit sicherem Instinkt, daß es nach seiner Wirkung in dem Klassenkampf zwischen Kapital und Arbeit eine weit mehr reaktionäre als fortschrittliche Maßregel ist.

In England wird gegenwärtig um das Frauenwahlrecht mit Energie und Leidenschaft gekämpft, und zwar in der Hauptsache um das beschränkte Frauenstimmrecht. Dem Parlament lag in dieser Session der Antrag Dickinson vor, der, wie ähnliche Anträge in früheren Jahren, für die Frauen das Stimmrecht unter den gleichen Bedingungen forderte, wie es die Männer besitzen. In England ist aber das geltende Männerwahlrecht kein allgemeines. Das Manöver eines liberalen Abgeordneten verhinderte, daß der Antrag Dickinson bei den Verhandlungen in der vorgeschriebenen Zeit zur Abstimmung und zur zweiten Lesung kam, und er gilt in der Folge als abgelehnt. Der Premierminister Campbell-Bannerman konnte sich das billige Vergnügen leisten zu erklären, daß er zwar ein Anhänger des Frauenstimmrechts, aber über den Antrag nicht entzückt sei, weil dieser nur einer kleinen Minderheit wohlhabender Frauen das Wahlrecht sichern würde. Campbell-Bannerman wird noch Gelegenheit haben zu bekunden, wie ernst es ihm mit dieser durchaus berechtigten Kritik des Antrages Dickinson war. Im englischen Parlament ist von Sir Charles Dilke zusammen mit Mitgliedern der unabhängigen Arbeiterpartei ein anderer Antrag eingebracht worden, dessen Annahme allen großjährigen Frauen das Wahlrecht verleihen würde. Der Antrag fordert eine gründliche Demokratisierung des Wahlrechts in Staat und Gemeinde auf der Grundlage des allgemeinen gleichen direkten Wahlrechts für alle großjährigen Männer und Frauen.

Aber bedeutsamer als die parlamentarischen Anträge erscheint die kraftvolle Agitation, die unterdessen im Lande seitens der bürgerlichen Frauenrechtlerinnen weitergeführt wird. Und hier gilt überwiegend der Erringung des Wahlrechts für die Frauen „unter den gleichen Bedingungen wie die Männer es besitzen", mit anderen Worten: einem beschränkten Frauenstimmrecht. Wie weit oder wie eng die Beschränkungen des Wahlrechts sein sollen, darüber gehen in der Frauenstimmrechtsbewegung selbst die Meinungen auseinander. Soll das geltende Parlamentswahlrecht, wie es für die Männer besteht, oder sollen die Frauenwahlrechtsgesetze zu den Organen der lokalen Selbstverwaltung für die Bedingungen maßgebend sein, an die das politische Frauenwahlrecht geknüpft wird? Die bestehenden Wahlgesetze zu den lokalen Verwaltungskörperschaften stellen im Punkte Frauenwahlrecht eine wahre Musterkarte der verschiedensten und widerspruchsvollsten Bestimmungen dar. Es ist noch eine offene Frage, welches aller vorhandenen Wahlgesetze oder welche Kombination ihrer Vorschriften die Grundlage für das politische Frauenstimmrecht geben soll. Es fehlt sogar nicht an Befürwortern des Frauenstimmrechts, welche sich „aus Zweckmäßigkeitsrücksichten" damit abfinden würden, daß alle verheirateten Frauen noch vom Besitz des Wahlrechts ausgeschlossen blieben. Die Phrase, die Frauen sollen das Wahlrecht unter den gleichen Bedingungen wie die Männer erhalten, verdeckt Meinungsunterschiede und täuscht vor allem leider auch noch viele Proletarierinnen über den mehr plutokratischen als demokratischen Charakter der geforderten Reform.

Wenn in England bürgerliche Frauenrechtlerinnen mit größter Energie für das beschränkte Frauenstimmrecht kämpfen, so ist das begreiflich. Sie handeln nur dabei, wie ihre Klassenlage das verlangt. Sie nehmen dabei keine Rücksicht auf die volle Demokratisierung des Wahlrechts, welche von den Interessen der proletarischen Frauen geboten wird. Wie wenig Verständnis sie für deren Lage besitzen, haben die Damen ja auch sonst bewiesen. Es sei an die Zähigkeit erinnert, mit der sich ein großer und sehr einflußreicher Teil der englischen Frauenrechtlerinnen bis jetzt dem Ausbau des gesetzlichen Arbeiterinnenschutzes widersetzt. Auch dabei haben sich die Damen stets auf das Prinzip der Gleichberechtigung der Geschlechter berufen, während sie in Wirklichkeit nichts verteidigen als die schrankenlose Ausbeutungsfreiheit der Besitzenden über die Nichtbesitzenden. Sie bleiben also ihrer Rolle als Vorkämpferinnen für die Interessen der besitzenden Klassen nur getreu, wenn sie auch in der Frage des Frauenwahlrechts das Recht der großen Mehrzahl ihrer Geschlechtsgenossinnen dem Vorrecht der Minderzahl ihrer Klassengenossen opfern, wenn sie statt gleichem politischen Recht für alle lediglich ein Vorrecht für einen Teil fordern.

Dagegen muß es unter den aufgezeigten Gesichtspunkten höchlichst befremden, daß an der Seite der bürgerlichen Damen auch sozialistische Frauen und Männer als Vorkämpfer für das politische Monopol des Besitzes in die Schranken treten. Wie verwirrend das zum Schaden der sozialistischen, der Arbeiterbewegung auf die Begriffe und das Tun einwirkt, haben die Nachwahlen zum jetzigen englischen Parlament bewiesen. Es scheint selbstverständlich, daß bei diesen Nachwahlen auch die Genossinnen ihre ganze Kraft für die Unterstützung der Arbeiterkandidaten einsetzen mußten. Ganz gleich gegen welche politische Partei die Arbeiterkandidaten im Felde standen: sie repräsentierten die ausgebeutete Arbeit gegenüber dem ausbeutenden Kapital. Einige führende Genossinnen, welche sich Hals über Kopf in die bürgerliche Frauenstimmrechtsbewegung gestürzt haben, vergaßen jedoch über ihrem Eintreten für das „Recht des weiblichen Geschlechts" ihre elementare Pflicht als Sozialistinnen. Als Mitglieder der „Womens' Social and Political Union" machten sie die ausgesprochen bürgerliche Taktik der genannten Organisation mit. Diese Taktik erhob an Stelle des Kampfes der Klassen den Kampf der Geschlechter zum Leitmotiv der Wahlaktion. Ihr lag eine bürgerliche Auffassung der Frauenfrage zugrunde, und sie war auf die Verhältnisse und Interessen der bürgerlichen Frauen zugeschnitten. Ein Manifest der W. S. P. U., das am 8. Januar in den „Daily News" erschien, erklärt ausdrücklich, daß diese Gruppe „einzig und allein im Interesse der Frauensache organisiert worden ist". Zweck ihres Eingreifens in den Wahlkampf solle ausschließlich sein, „die liberalen Kandidaten zu bekämpfen, da die liberale Regierung sich weigert, den Frauen das Stimmrecht zu verleihen. Gegenüber allen anderen Kandidaten, die im Felde stehen mögen, wird sie eine strikt neutrale und unparteiische Haltung bewahren." Das Manifest betonte stark, daß die W. S. P. U. „keine Partei unterstützt" und verwahrt diese Organisation besonders nachdrücklich gegen den entsetzlichen Verdacht, „bei einem Wahlkampf, in dem drei Kandidaten um das Mandat ringen, die Arbeiterkandidaten zu unterstützen. Behauptungen, daß dies der Fall wäre, sind durchaus falsch." Und dieses Zeugnis bürgerlicher Tugendhaftigkeit genügte den leitenden Damen noch nicht. Sie wiesen in dem gleichen Manifest nochmals ausdrücklich jede Gemeinschaft mit der Arbeiterpartei zurück. „Die W. S. P. U. lehnt es ab, mit irgendeiner politischen Partei identifiziert zu werden" . . . „kein Unterschied wird zwischen den Unionisten und der Arbeiterpartei gemacht." Es liegt auf der Hand, daß diese Politik angeblicher Neutralität und Unparteilichkeit allen Parteien gegenüber — von den bekämpften Liberalen abgesehen — gleichbedeutend war mit einer Preisgabe des Kampfes der Arbeiterpartei. Das kämpfende Proletariat ist aber durch seine Klassenlage gezwungen zu erklären: Wer nicht für mich ist, der ist gegen mich. Genossinnen, die aus rein bürgerlich-frauenrechtlerischen Erwägungen heraus bei Wahlen ihre Tätigkeit für die sozialistischen, die Arbeiterkandidaten einstellen, um ihre ganze Kraft auf ein „Wahlrecht für Ziegelsteine und Zement" zu konzentrieren; Genossinnen, die vom Schlachtfelde des Klassenkampfes desertieren, um einen Kampf der Geschlechter auszufechten, der in der Hauptsache für die besitzenden Klassen von Bedeutung ist: die sprechen sich selbst das Urteil. Die Konfusion ihrer Auffassung wird zum Verrat des Parteiinteresses.

Die englischen Genossinnen und Genossen, welche mit die hervorragendsten Kämpfer für das beschränkte Frauenstimmrecht sind, und fast ausnahmslos der „Unabhängigen Arbeiterpartei" angehören, suchen ihre Haltung durch allerlei Argumente zu rechtfertigen. Das beschränkte Frauenstimmrecht, so behaupten sie, sei gar nicht so beschränkt, wie es aussehe. Es sei so weitherzig, daß es die meisten Proletarierinnen, daß es auf alle Fälle mehr Arbeiterinnen und Arbeiterfrauen als bürgerliche Damen stimmberechtigt machen würde. Die Behauptung soll durch Berechnungen erhärtet werden, welche sich teils auf die Wählerlisten zu den Gemeindewahlen stützen, teils auf eine Umfrage, die in Nelson von Haus zu Haus unternommen worden ist. Das eine wie das andere angezogene Beweismaterial ist aber brüchig. Von den verschiedensten Seiten ist festgestellt worden, daß die kommunalen Wählerlisten kein vertrauenswürdiger Maßstab für die Zahl der Frauen sind, welche bei einem beschränkten Stimmrecht wahlberechtigt würden. Im Flugblatt Nr. 2 der „Adult Suffrage Society" (Verein zur Erringung des Wahlrechts für alle Großjährigen) heißt es daher zum Beispiel: „Was die munizipalen Wählerlisten anbelangt, so sind sie ein sehr unzulänglicher Führer, da es ohne genaue und persönliche Kenntnis der Wählerschaft unmöglich ist zu sagen, wieviel mehr Frauen berechtigt sein würden, in die parlamentarischen Wählerlisten eingetragen zu werden." Und was die Umfrage von Haus zu Haus anbetrifft, so ist ihr Wert sicher noch geringer. Umfragen, welche in Zweigvereinen der Frauengenossenschaft „The Womens' Guild" vorgenommen worden sind, haben gezeigt, daß die meisten Frauen erwarten, das Wahlrecht zu erhalten, weil ihr Mann gegenwärtig wahlberechtigt ist, denn das ist die Auslegung, die sie dem Satze geben: „wie es den Männern verliehen ist". Wenn solche Unklarheit über die Wirkungen des beschränkten Frauenstimmrechts sogar bei den aufgeklärten Arbeiterfrauen herrscht, welche der Womens' Guild angehören, so können die persönlichen Aussagen über den künftigen Besitz des Wahlrechts keine Beweiskraft für den tatsächlichen Umfang der eintretenden politischen Emanzipation beanspruchen. Ein Verbandsbeamter der organisierten Weber erklärte ausdrücklich, er wisse genau, daß sehr viele Frauen in dieser Beziehung in einem Irrtum befangen seien, und daß „ein schmerzliches Erwachen" folgen würde, wenn der Antrag für das beschränkte Frauenstimmrecht zur Annahme gelangte.

Tatsächlich beruhen die meisten persönlichen Aussagen der Frauen über ihre künftige Wahlberechtigung auf Vermutungen und Hoffnungen. Die wenigsten Frauen und Töchter der Arbeiter befinden sich in der Lage, um aus eigener Kraft den Bestimmungen des beschränkten legislativen Wahlrechts genügen zu können. Diese Frauen besitzen weder eigenes Vermögen, noch haben sie durch Universitätsbildung bestimmte Titel erlangt; nur wenige von ihnen sind eigenberechtigte Haushaltungsvorstände, selbständige Mieterinnen von Geschäftslokalen, die mindestens 10 Pfund Zins kosten, oder stehen in einem Dienstverhältnis, das ihnen eine eigene Wohnung als Teil ihres Lohnes sichert. Die meisten verheirateten Arbeiter ihrerseits besitzen auch nicht so viel Vermögen oder Einkommen, um ihren Frauen und Töchtern das Wahlrecht sichern zu können. Und wie sieht es mit dem Stimmrecht der unverheirateten Arbeiterinnen aus, die für ihre Existenz lediglich auf ihren Verdienst angewiesen sind? Die Vorkämpfer für das beschränkte Frauenstimmrecht suchen die Unterstützung der Arbeiterinnen damit zu ködern, daß sie ihnen vorerzählen, die meisten von ihnen würden dank der Bestimmungen des sogenannten lodgers' vote (Stimmrecht selbständiger Mieter bezw. Mieterinnen) wahlberechtigt werden. Wer sich nur einigermaßen gründlich mit den Löhnen und Lebensbedingungen der Arbeiterinnen beschäftigt hat, der weiß, daß diese Behauptung eine Luftspiegelung ist. Das lodgers' vote erhalten nur Personen, welche allein ein Zimmer bewohnen, das unmöbliert nicht unter 4 Schilling wöchentlich Miete kostet. Die wenigsten Arbeiterinnen aber haben Löhne, die ihnen ermöglichen, 4 Schilling pro Woche für die leere Wohnung ausgeben zu können. Margaret Bondfield, eine der angesehendsten englischen Gewerkschaftsführerinnen, verweist mit Recht darauf, daß sogar die gelernten Textilarbeiterinnen von Lancashire, die zu den wirtschaftlich bestgestellten Arbeiterinnen gehören, kein Zimmer allein bewohnen, sondern mit einer Schwester oder Freundin zusammen hausen. Die Schneiderinnen, Teeverpackerinnen, Arbeiterinnen in der Gelee- und Konservenindustrie und andere Fabrikarbeiterinnen noch sind infolge ihres niedrigen Verdienstes von 5—9 Schilling wöchentlich erst recht außerstande, sich durch eine entsprechende Wohnung das Wahlrecht zu sichern. Ja sogar sehr wenige der weiblichen Privatbeamten, Bureauangestellten, Telephonistinnen usw. würden bei dem beschränkten Stimmrecht wahlberechtigt. Erhebungen, die kürzlich in London vorgenommen wurden, haben ergeben, daß sie bei Angehörigen oder zu mehreren beisammen wohnen. Weibliche Dienstboten und Verkäuferinnen kämen als Wählerinnen kaum in Betracht, weil sie bei den Arbeitgebern in Kost und Logis sind, und ihre Beschäftigung häufigen Stellenwechsel mit sich bringt.

Alles in allem: sollte das beschränkte Frauenstimmrecht zur Einführung gelangen, so würde nur ein bescheidener Teil der Proletarierinnen den 17 verschiedenen Vorschriften des englischen legislativen Wahlgesetzes über Eigentum, Bildungsgrad, Beschäftigung, Wohnung und Dienst entsprechen und politisch emanzipiert werden können. Ja, die Zahl der nicht stimmberechtigten Frauen würde sicher im Verhältnis noch größer sein, als die Zahl der Arbeiter, die infolge der Vorschriften vom Wahlrecht ausgeschlossen sind. Denn die Arbeiterinnen werden im allgemeinen von den Kapitalisten noch härter ausgebeutet und schlechter bezahlt als die Arbeiter. Nach dem Grundsatz des beschränkten Frauenstimmrechts sind sie, als ökonomisch schlechter gestellt, auch weniger befähigt wie die besser gelohnten Arbeiter, den Stimmzettel zu gebrauchen! Auch in diesem Zuge offenbart sich deutlich, daß für das beschränkte Frauenstimmrecht in Wirklichkeit nicht das Prinzip der Gleichberechtigung der Geschlechter ausschlaggebend ist, sondern das Prinzip von der Macht und Würde des Besitzes und Einkommens.

Dazu muß noch ein Umstand in Berücksichtigung gezogen werden. Solange das Stimmrecht nicht allen großjährigen Staatsangehörigen zusteht, vielmehr im Interesse der ausbeutenden Klassen an Besitz und Steuerleistung gebunden bleibt: solange wird es auch Behörden und Gerichte geben, welche durch künstliche Auslegung der wahlgesetzlichen Vorschriften viele Proletarier ihres Wahlrechts berauben. Das haben schon manche englischen Arbeiter, Handelsangestellte usw. erfahren. Infolge ihrer schlechteren ökonomischen Lage und ihrer komplizierteren Verhältnisse würden erst recht viele Proletarierinnen die Erfahrung machen, daß ihnen das Wahlrecht aberkannt wird. Weil sie Arme sind und nicht etwa, weil sie Frauen sind!

Die Schwärmer für das beschränkte Frauenstimmrecht reden nun freilich den Arbeiterinnen ein, dank dem Stimmzettel würden sie höhere Löhne, gleiche Löhne mit den Männern erhalten. Hält man die soeben kurz skizzierten tatsächlichen Verhältnisse fest, so kann man darauf mit Fug und Recht antworten: Umgekehrt wird ein Schuh daraus! Wenn das beschränkte Frauenstimmrecht eingeführt wird, so müssen die Arbeiterinnen erst höhere Löhne bekommen, damit sie den Stimmzettel erhalten können —, so müssen die Arbeiter erst höher entlohnt werden, damit sie imstande sind, für ihre Frauen und Töchter den Vorschriften des Wahlgesetzes zu genügen vermögen. Ist es den Vorkämpfern für das beschränkte Frauenstimmrecht ernst mit ihrem Wunsche, auch den Arbeiterinnen und Arbeiterfrauen den Stimmzettel zu sichern, so müßten auch all die edelsteinübersäten Damen, die zahlreich unter den Frauenrechtlerinnen vertreten sind, den Kampf aufnehmen gegen die Ausbeutung der Arbeiterinnen und Arbeiter. Das heißt aber nichts anderes, als sie müßten kämpfen gegen ihre eigene Klasse und deren wirtschaftliche, soziale und politische Vorrechte; sie müßten kämpfen gegen soziale Zustände, denen sie selbst ihre Muße, ihre Bewegungsfreiheit, ihre Bildung und ihren Luxus verdanken. Sie müßten den Kampf aufnehmen für das Recht der Arbeit unbekümmert darum, ob sie vielleicht künftighin in etwas weniger kostbaren Toiletten ihr Schicksal als „Hunde, Ausgestoßene und Parias" bejammern könnten. Aber von rühmlichen Ausnahmen abgesehen, nehmen die bürgerlichen Frauenrechtlerinnen an dem Kampf der Arbeiterklasse um bessere Entlohnung nicht teil. Die Gewerkschaftsbewegung hat ihn ohne sie und manchmal auch gegen sie geführt, als Kampf der Ausgebeuteten ohne Unterschied des Geschlechts, gegen die Ausbeuter, ohne Unterschied des Geschlechts. Nicht ihrem verkrüppelten Wahlrecht, ihrer Gewerkschaftsorganisation und der Herrschaft Englands auf dem Weltmarkte verdanken es die englischen Arbeiter, wenn sie „Beefsteak und Butter" essen können. Und kein beschränktes Frauenstimmrecht, die Gewerkschaftsorganisation ist ausschlaggebend dafür gewesen, daß die Lancashirer Textilarbeiterinnen gleiche Löhne für gleiche Arbeit mit den Männern errungen haben.

Die Verfechter des beschränkten Frauenstimmrechts fühlen offenbar die Schwäche der Argumente, die wir gedrängt resümierten. Sie trumpfen daher mit der Bedeutung „des Prinzips der Gleichberechtigung der Geschlechter" auf. Diesem Prinzip, so erklären sie, müsse vor allem gesetzliche Anerkennung verschafft werden. Das beschränkte Frauenstimmrecht sei die erste notwendige Etappe auf dem Wege des Fortschritts. Nach seiner Einführung werde das allgemeine Wahlrecht nicht auf sich warten lassen. Wir können auch dieser Auffassung nicht beipflichten. Im britischen Reich ist die Schlacht für das Prinzip der Gleichberechtigung der Geschlechter im öffentlichen Leben bereits geschlagen. In den australischen Kolonien Großbritanniens besitzen die Frauen das Wahlrecht zum Bundesparlament und — von der einzigen Kolonie Viktoria abgesehen — auch zu den Einzelparlamenten. In England selbst aber ist den Frauen das Recht zuerkannt worden, zu den verschiedenen verwaltenden Körperschaften in Gemeinde, Bezirke, Grafschaft zu wählen bezw. in solche Körperschaften gewählt zu werden. Daß dieses Recht zu den verschiedenen Körperschaften an die mannigfaltigsten zum Teil sehr widerspruchsvollen Bedingungen geknüpft, und daß es kein allgemeines Wahlrecht ist, steht auf einem anderen Blatte. Das erklärt sich auch in der Hauptsache nicht aus der „Herrscherstellung", dem „Monopol", dem „Egoismus" des Mannes, das ist vielmehr die Konsequenz der Herrscherstellung, des Monopols und des Egoismus des Besitzes. Die betreffenden Bestimmungen lassen das scharf hervortreten. Zwischen der Gleichberechtigung der Frau im kommunalen und im politischen Leben, auf dem Gebiete der Verwaltung und dem Gebiete der Gesetzgebung besteht aber nur ein Unterschied des Grades, der Art und nicht des Prinzips, des Wesens. Uebrigens beweist gerade die Geschichte der lokalen Frauenstimmrechte, daß die „Durchsetzung des Prinzips", daß der „notwendige erste Schritt" durchaus nicht eine Bürgschaft für weitere Schritte in sich trägt und die Gleichberechtigung der armen mit der reichen Frau nicht als „selbstverständlich" nach sich zieht. Uns ist nichts bekannt, daß die Frauen, denen Besitz und Steuerleistung das Wahlrecht in der Gemeinde, Grafschaft usw. verschafft haben, mit Begeisterung und Energie für die Ausdehnung dieser lokalen Bürgerrechte auf die „ärmeren Schwestern" kämpfen. Der Respekt der bürgerlichen Damen vor dem Recht des Besitzes ist offenbar noch größer als ihre Liebe für das Prinzip der Gleichberechtigung der Geschlechter. Das alte Klassenunrecht und Klassenmonopol auf dem Gebiet der lokalen Verwaltung lassen sie unangetastet und wollen es durch ein neues Klassenunrecht und Klassenmonopol auf politischem Gebiete vervollständigen.

Denn als ein Monopol der Besitzenden muß das beschränkte Frauenstimmrecht wirken. In seinen Konsequenzen läuft es darauf hinaus, den Besitzenden eine Art „Pluralvotum" einzuräumen. Während es der Masse der Arbeiterinnen den Stimmzettel vorenthält, ermöglicht es den Reichen, ihre politisch großjährigen weiblichen Familienmitglieder dadurch wahlberechtigt zu machen, daß sie ihnen besondere Zimmer mieten bezw. einräumen. Das hat Genosse Quelch auf dem letzten Jahreskongreß der „Arbeiterpartei" überzeugend dargelegt. Und ebenso zutreffend führte Miß Mabel Hope, die Führerin der Gewerkschaft der Post- und Telegraphenbeamtinnen, dort aus: „Ein beschränktes Wahlrecht würde den Arbeiterinnen nicht helfen —, es würde den reichen Frauen nur die Gelegenheit geben, die Arbeiterinnen zu unterdrücken. Die ganze Agitation, die die Frauenrechtlerinnen führen, geht nicht vom Klassenkampf, sondern vom Geschlechterkampf aus. Uns stehen aber die männlichen Arbeiter viel näher als die reichen Frauen." In „Justice", dem Organ der „Sozialdemokratischen Föderation", vom 9. Februar 1907 gibt Genossin Montefiore ebenfalls der Ueberzeugung Ausdruck, daß das beschränkte Frauenstimmrecht nur den besitzenden Damen emanzipieren und der Reaktion zugute kommen wird. Sie schreibt: „Von dem Augenblick an, wo die alte bürgerliche Frauenstimmrechtsorganisation, deren Führerin Mrs. Fawcett ist, solche unheilige Eile zeigte, durch ein Bankett einige der Sozialistinnen zu feiern, welche für die Frauenstimmrechtssache im Gefängnis gewesen waren, trat es klar zutage, daß die bürgerlichen Frauenrechtlerinnen große Hoffnungen hegten, ihre demokratischeren Schwestern würden für sie die Kastanien aus dem Feuer holen, die sie selbst wünschten, aber nicht den Mut hatten, herauszuholen . . . . . Mit dem Sieg der Konservativen stände ein Frauenstimmrecht bevor, daß die Damen der Primrose-Liga (eine konservative Organisation) und alle Reaktionäre entzücken würde. Es ist Zeit, daß die Proletarierin der Situation ins Antlitz blickt. Es ist Zeit, daß sie die unerfreuliche Tatsache erkennt, daß die Frauen, die einer bürgerlichen Partei angehören, die Ziele dieser so eifrig verfolgen, als die ihr angeschlossenen Männer das tun. Ebenso wie die Arbeiter in der Vergangenheit von den einnehmenden Manieren und Auftreten derjenigen geblendet und verführt wurden, welche sie „in der ihnen zukommenden Stellung" lassen wollten, müssen möglicherweise auch die Proletarierinnen lernen, daß das Lamm nicht sicher ist, wenn es sich neben den Löwen niederlegt, sogar dann nicht, wenn der Löwe so lammfromm aussieht wie eine Vorkämpferin für das Frauenstimmrecht." Diese Ausführungen der Genossin Montefiore verdienen um so mehr Beachtung, als sie selbst sich anfänglich mit Mut und Opferfreudigkeit an der Frauenstimmrechtsbewegung beteiligt hatte. Heute erwartet sie das Frauenstimmrecht für alle Frauen nicht mehr von einer besonderen Frauenstimmrechtsbewegung, sondern von dem Kampfe des Proletariats für das Wahlrecht aller Großjährigen. Die Bewertung des beschränkten Frauenstimmrechts als eines Klassenmonopols wird auch von erfahrenen Parlamentariern geteilt. „Das beschränkte Frauenstimmrecht ist ein ausgesprochenes Klassenwahlrecht, da es sofort die Stimmenzahl der Besitzenden verdoppeln wird, während es die Stimmenzahl der Arbeiter nur um ungefähr ein Zehntel vergrößert." So hat das Parlamentsmitglied für Barnard Castle, Mr. Arthur Henderson erklärt, der als vorzüglicher Sachkenner gilt.

Und als Monopol der Besitzenden soll auch das beschränkte Frauenstimmrecht wirken. Es soll die politische Macht der Besitzenden im Kampfe gegen die Arbeiterklasse stärken. Gerade um dieses seines reaktionären Wesens und Wirkens halber findet es viele begeisterte Anhänger. In York z. B. hat Lady Knightley unumwunden ausgesprochen: „Die Ausdehnung des Wahlrechts auf Frauen, welche Steuern und Abgaben zahlen, würde die Notwendigkeit des allgemeinen Stimmrechts beseitigen, das eine wahre Gefahr ist." Und ebenso aufrichtig hat Dr. Stanton Coit vor dem reaktionären Charakter des beschränkten Frauenstimmrechts sein Kompliment gemacht. In einem Meeting in Queen's Hall meinte er, „das beschränkte Frauenwahlrecht würde die Gefahr abwenden, die in der Wahlberechtigung ungebildeter Personen liegt." Viele konservative Politiker treten aus den gleichen Erwägungen heraus für die Forderung ein: „Das Stimmrecht den Frauen unter den gleichen Bedingungen wie es die Männer besitzen." Das Prinzip der Gleichberechtigung der Geschlechter feiern sie mit dem Munde, aber die reaktionäre Seele des beschränkten Frauenstimmrechts ist es, der ihre Liebe, ihre Sehnsucht gilt. Jedenfalls wird die konservative Partei die im Flusse befindliche Agitation ausnützen, um unter der trügerischen Devise „Gerechtigkeit für die Frauen" durch das Klassenmonopol des beschränkten Frauenstimmrechts die Macht der Besitzenden zu stärken.

Jedoch so wenig wir als Sozialdemokratinnen mit dem Ziel und dem Inhalt der Bewegung für das beschränkte Frauenstimmrecht sympathisieren können, so dürfen doch ihre Vorkämpfer in England ein Verdienst beanspruchen. Sie haben mit Mut und Energie die Sturmglocke gezogen und in allen Klassen der Gesellschaft große Kreise der Frauen aus ihrer politischen Apathie aufgerüttelt und zum Kampfe für politische Rechte gerufen. Sie haben die öffentliche Aufmerksamkeit auf die immer dringlicher werdende Notwendigkeit gelenkt, daß die Gesellschaft die Konsequenzen der ökonomischen Entwickelung zieht und dem weiblichen Geschlecht volle politische Gleichberechtigung zuerkennt. Sie haben es der sozialistischen Arbeiterbewegung klar ins Bewußtsein gerufen, daß sie auch im Kampfe für die Gleichberechtigung der Geschlechter allen bürgerlichen Parteien und Gruppen vorangehen muß. Allerdings nicht in der Weise, daß sie ihrer geschichtlichen Auffassung, ihrem demokratischen Prinzip ins Gesicht schlägt und sich zur Vorkämpferin eines beschränkten Frauenwahlrechts macht. Es hieße dies an Stelle der Prinzipientreue bloße Prinzipienreiterei setzen. Wohl aber dadurch, daß sie mit aller Energie den Kampf aufnimmt für das ungeschmälerte politische Recht aller Frauen, aller politisch Entrechteten überhaupt.

Die Schlacht für die politische Gleichberechtigung des gesamten weiblichen Geschlechts wird im Kampfe des Proletariats geschlagen. Das zeigt uns Finnland, wo dank der Sozialdemokratie das allgemeine Wahlrecht für Männer und Frauen erobert worden ist. Indem das allgemeine Wahlrecht das Stimmrecht aus einem Sachrecht in ein Personenrecht verwandelt, nur großjährige gleichberechtigte Bürger anerkennt: erhebt es auch die politische Gleichberechtigung aller Frauen, ohne Unterschied der Klasse, aus einer papiernen Formel zur lebendigen Wirklichkeit. Wer den Kampf um das Frauenstimmrecht nicht um des Vorteils einer Klasse willen führt; wer aus ernster, innerster Ueberzeugung für die politische Gleichberechtigung des weiblichen Geschlechts kämpft, der kann, der muß sich von der bürgerlichen Bewegung für das beschränkte Frauenstimmrecht abkehren und mit Begeisterung für das allgemeine Wahlrecht aller Großjährigen ohne Unterschied des Geschlechts kämpfen. Der Kampf für das wirkliche Recht der Frau hat dabei nichts zu verlieren, sondern nur zu gewinnen. Er erhält ein höheres, weiterspannendes Ziel, einen tieferen Gehalt, eine breitere Basis, Scharen neuer aufopfernder Streiter und Streiterinnen.

Ganz unbegründet ist die von frauenrechtlerischer Seite geäußerte Befürchtung, daß in England die Bewegung für das allgemeine Wahlrecht nur das allgemeine Männerwahlrecht erringen werde. Wir weisen an anderer Stelle nach, daß die sozialistische, die Arbeiterbewegung nicht bloß durch ihre Prinzipien und ihr Programm, sondern durch zwingende Klasseninteressen des Proletariats verpflichtet ist, für die volle Demokratisierung des Wahlrechts zu kämpfen, das Frauenstimmrecht inbegriffen. Auf der anderen Seite ist in England eine große Zahl bürgerlicher Politiker und Parlamentsmitglieder durch formelle Versprechungen gebunden, für das Frauenwahlrecht einzutreten und zu stimmen. Dagegen würde der Sieg des beschränkten Frauenstimmrechts allein eine Schwächung und Gefahr für den Kampf um das Wahlrecht aller Großjährigen bedeuten. Zunächst dadurch, daß er der Bewegung für die volle Demokratisierung des Wahlrechts zahlreiche energische Kräfte entzöge. Wären für die besitzenden Damen die Kastanien aus dem Feuer geholt, um mit Genossin Montefiore zu sprechen, so würden als Befriedigte viele beiseite treten, die heute noch als Rechtlose kämpfen müssen und dadurch — sie mögen wollen oder nicht — die Wucht des proletarischen Kampfes für die volle Demokratisierung des Wahlrechts stärken und den Widerstand der Gegner schwächen. Davon abgesehen ist eins klar. Kräftigt das beschränkte Frauenstimmrecht die Macht der besitzenden Klassen, so steigert es auch die Widerstandskraft, die diese der weiteren Demokratisierung des Wahlrechts, ja allen Reformforderungen zugunsten der Ausgebeuteten entgegenzusetzen vermögen. Des weiteren dürfen wir vor allem nicht vergessen, daß es nicht die Aufgabe der revolutionären Sozialdemokratie sein kann, die aus der bürgerlichen Ordnung resultierenden politischen Konflikte zwischen den Männern und Frauen der besitzenden Klasse aufzuheben. Umgekehrt: das Interesse des Proletariats gebietet ihr, solche Konflikte möglichst in Permanenz zu erhalten, sich auswachsen und austoben zu lassen. Ihre wichtigste geschichtliche Mission ist es, die bürgerliche Gesellschaft zu beseitigen und nicht sie zugunsten der bürgerlichen Minderheit zu verbessern. In dieser Richtung wirkt aber der Kampf zwischen den bürgerlichen Männern und Frauen um politische Macht. Er vermehrt den Zwiespalt im Hause der herrschenden Klassen und schwächt dadurch ihre Kraft dem Proletariat gegenüber. Aber, so könnte man einwenden, unter dem aufgezeigten Gesichtswinkel darf die Sozialdemokratie auch nicht für das allgemeine Frauenwahlrecht eintreten. Der Triumph dieser Forderung muß betreffs der Ueberwindung des politischen Gegensatzes zwischen bürgerlichen Männern und Frauen die gleiche Wirkung haben wie die Einführung des beschränkten Damenstimmrechts. So richtig die letztere Tatsache ist, so wenig stimmt die aus ihr abgeleitete Schlußfolgerung. Bei Einführung des allgemeinen Frauenwahlrechts wird die aufgehobene zersetzende Wirkung des Familienstreits zwischen den Geschlechtern in den bürgerlichen Klassen bei weitem aufgewogen durch den revolutionären Einfluß des unendlich bedeutsameren Klassenkampfes zwischen Proletariat und Bourgeoisie, der nun erst auch zwischen den Frauen zu seiner vollen Entfaltung gelangt. Mit Sturmwind segeln die Schiffe des kämpfenden Proletariats am besten.

Die meisten englischen Sozialisten- und Gewerkschaftsführer beginnen, der Frage des Frauenstimmrechts erhöhte Aufmerksamkeit zuzuwenden und sie im Lichte der aufgezeigten Zusammenhänge aufzufassen. Erfreulich wächst insbesondere auch die Zahl der führenden Genossinnen, von denen das gleiche gilt, und die sich angelegen sein lassen, die prinzipielle Ueberzeugung in die praktische Tat umzusetzen. An erster Stelle muß dabei des zielbewußten und eifrigen Wirkens des „Vereins zur Erringung des allgemeinen Wahlrechts aller Großjährigen" gedacht werden. Er wurde 1905 von Genossinnen gegründet, welche in der Mehrzahl der „Sozialdemokratischen Föderation" angehören. Unter der Leitung der hervorragenden Gewerkschaftlerin Miß Margaret Bondfield sucht diese Organisation durch Flugschriften und mündliche Agitation das Ringen um die politische Gleichberechtigung des weiblichen Geschlechts aus dem engen Bett frauenrechtlerischer Auffassung und bürgerlicher Klasseninteressen in den breiten Strom des proletarischen Klassenkampfes, des Kampfes um das allgemeine Wahlrecht aller Großjährigen hinüber zu leiten.

Angesichts der Situation haben die beiden sozialistischen Parteien Englands auf ihrem diesjährigen Jahreskongreß Stellung zur Frage des Frauenstimmrechts genommen. Die „Sozialdemokratische Föderation" beschloß in Carlisle dem Antrag der Genossin Rough entsprechend, nicht für ein beschränktes Frauenwahlrecht einzutreten, sondern für das allgemeine Wahlrecht aller Großjährigen ohne Unterschied des Geschlechts, wie es der Antrag Dilke fordert. Genosse Dr. Dessin betonte ausdrücklich, daß die Partei zwar das Ziel des gegenwärtigen frauenrechtlerischen Kampfes nicht zu unterstützen vermöge, daß sie jedoch die frauenrechtlerischen Demonstrationen billige, die von revolutionärem Mut getragen seien. Auf dem Kongreß der „Unabhängigen Arbeiterpartei" zu Derby erklärte sich nach längerer und lebhafter Diskussion die Mehrheit dafür, daß die Partei auch die Anträge für das beschränkte Frauenstimmrecht unterstützen müsse. Schon der vorjährige Kongreß der „Unabhängigen Arbeiterpartei" zu Liverpool hatte sich für das beschränkte Frauenstimmrecht entschieden. Auch die neue „Arbeiterpartei" hat sich mit der Frage des Frauenstimmrechts befassen müssen. Innerhalb ihrer Reihen herrscht infolge ihrer Zusammensetzung betreffs der Stellung zu der aufgerollten Frage keine Einmütigkeit. Mehrere ihrer parlamentarischen Vertreter — unter ihnen vor allem Keir Hardie — sind begeisterte Verfechter des Frauenstimmrechts überhaupt, auch des beschränkten Frauenwahlrechts. Der Jahreskongreß der „Arbeiterpartei", der am 29. Januar d. J. in Belfast tagte, hat sich trotzdem mit überwältigender Mehrheit gegen das beschränkte Frauenstimmrecht und für das allgemeine Wahlrecht aller Großjährigen ohne Unterschied des Geschlechts ausgesprochen. Der Antrag Wishart, welcher die Partei zum Eintreten für das beschränkte Frauenstimmrecht verpflichten wollte, wurde abgelehnt, obgleich der parlamentarische Führer der „Arbeiterpartei", Keir Hardie, ihn nachdrücklich befürwortete. 605000 Stimmen fielen gegen, 268000 für die folgende Resolution Quelch: „Der Kongreß erklärt, daß es höchste Zeit sei, allen erwachsenen Männern und Frauen das gleiche Wahlrecht zu geben; ferner, daß jede Wahlrechtsvorlage, die auf einem Zensus beruht und nur einen Teil der Bevölkerung umfaßt, einen reaktionären Schritt bedeute und deshalb bekämpft werden müsse." Eine Genossin, der das Frauenrecht so am Herzen liegt, wie Mrs. Montefiore, schreibt von diesem Beschlusse: „Ich kann nicht die Möglichkeit sehen, daß Vertreter der Arbeiter und Arbeiterinnen angesichts der jüngsten Ereignisse anders gestimmt hätten, als sie getan." Das trifft zu!

Der Beschluß zeichnet nicht bloß den Vertretern der „Arbeiterpartei" im Parlament ihre Haltung klar und unzweideutig vor, er weist auch mit aller Entschiedenheit auf die Aufgabe der sozialistischen Arbeiterbewegung hin, ihre ganze Kraft für das geforderte allgemeine Wahlrecht aller Großjährigen einzusetzen. Der Kampf um die volle Demokratisierung des Wahlrechts muß im Lager des kämpfenden Proletariats alle Kräfte vereinigen, die auf der einen Seite in Tatenlosigkeit verharrten, die auf der anderen Seite sich für ein bürgerliches Klasseninteresse verzettelten. Der Kampf um die volle Demokratisierung des Wahlrechts wird zu einer. immer dringendsten praktischen Aufgabe des Proletariats. Und wie die ganze Frauenfrage nur ein Teil der sozialen Frage ist und nur mit ihr zusammen durch die Befreiung des Proletariats, d. h. durch die Ueberwindung der kapitalistischen Gesellschaftsordnung gelöst werden kann, so kann auch heute die politische Emanzipation des gesamten weiblichen Geschlechts nur durch den Kampf für die volle politische Gleichberechtigung des Proletariats verwirklicht werden. Wer von diesen Gesichtspunkten aus für das Frauenstimmrecht als allgemeines Wahlrecht kämpft, der schwört von dem Prinzip der Gleichberechtigung der Geschlechter kein Jota ab. Umgekehrt: er gibt diesem Prinzip erst seine volle Tragweite, seinen ganzen Gehalt, er hilft dazu, daß es sich aus einem toten Buchstaben in lebendiges Fleisch und Blut verwandelt.

Die eingehende Prüfung des Wesens eines beschränkten Frauenstimmrechts und im Zusammenhang damit die Darstellung des Kampfes um ein solches in England dünkte uns notwendig. Der Jubel über den Januarsieg des nationalen Blocks dürfte bald berauscht sein und von neuem Jammer über das unaufhaltsame Anschwellen der „sozialdemokratischen Gefahr" abgelöst werden. Wir wissen daher nicht, wie bald in Deutschland die Furcht vor der Sozialdemokratie die bürgerlichen Parteien mit ihrer prinzipiellen Gegnerschaft gegen die politische Emanzipation des weiblichen Geschlechts auf den Weg gen Damaskus treiben und zu Aposteln eines beschränkten Frauenstimmrechts bekehren kann. Und daß wir in diesem Falle von den deutschen bürgerlichen Frauenrechtlerinnen mehr demokratischen Sinn, eine tiefere theoretische Einsicht und eine festere prinzipielle Haltung erwarten dürften, wie von ihren englischen, holländischen und norwegischen Schwestern: das hieße ihnen mehr zumuten, als ihrem schwachen bürgerlichen Leibe frommt. Dafür spricht nicht nur unsere historische Auffassung, sondern eine Kette langjähriger praktischer Erfahrungen, von denen einige früher angeführt worden sind. Wir könnten nichts Verkehrteres tun, als angesichts der sich entwickelnden Verhältnisse in Vogelstraußpolitik den Kopf in den Sand der gefühlsgeschwollenen Beteuerungen zu stecken, der zur Frage von einem Bäckerdutzend „radikaler" Frauenrechtlerinnen aufgewirbelt wird. Nun liegt allerdings in Deutschland die Situation in mehr als einem Punkt anders als in England. Nicht zum mindesten auch insofern, als wir in Deutschland eine kräftige, zielklare sozialistische Frauenbewegung haben, die stetig an Einfluß auf das weibliche Proletariat gewinnt. Seit langen Jahren grundsätzlich scharf in Theorie und Praxis von der bürgerlichen Frauenrechtelei getrennt, hat sie je und je für das allgemeine Frauenstimmrecht, für die vollste Demokratisierung des Wahlrechts überhaupt gekämpft. Allein die Genugtuung darüber darf uns nicht vergessen lassen, daß noch Millionen Frauen — indifferent oder zum mindesten ungeschult — außerhalb dieser Bewegung stehen. Da liegt die Gefahr nahe, daß große Kreise von ihnen durch die bürgerlichen Schaumschlägereien mit dem Prinzip der Gleichberechtigung des weiblichen Geschlechts über die reaktionäre Natur eines beschränkten Frauenstimmrechts getäuscht werden könnten. Dem gilt es vorzubeugen, und je früher und gründlicher wir das besorgen, um so besser. Die aufgezeigte Sachlage muß den Massen der proletarischen Frauen zum Bewußtsein gebracht werden. Sie müssen die Ueberzeugung gewinnen, daß sie im Kampfe für ihre volle soziale Emanzipation auf die eigene Kraft und auf die ihrer Klasse angewiesen sind.

VIII.
Reaktionäre und revolutionäre Entwickelungstendenzen, das Frauenwahlrecht betreffend.

Die gleiche geschichtliche Ursache: die Ausdehnung und Verschärfung des Klassenkampfes zwischen Kapital und Arbeit zeitigt vor unseren Augen charakteristische Erscheinungen, Entwickelungstendenzen, welche für die politische Emanzipation des weiblichen Geschlechts von höchster Bedeutung sind. Die Bourgeoisie gibt mehr und mehr die demokratischen Prinzipien preis, für die sie einst geschwärmt hat, auch die bürgerlichen liberalen Parteien wagen nicht, ihre Konsequenzen betreffs der vollen Demokratisierung des Wahlrechts zu ziehen. Sie fürchten — wie alle bürgerlichen Parteien — die langsam, aber sicher anschwellende Macht des kämpfenden Proletariats. Gleichzeitig aber wird die bürgerliche Welt allmählich zu einer Revision ihrer Anschauungen über die Frauenfrage, über die politische Gleichberechtigung des weiblichen Geschlechts gezwungen. Die bürgerliche Frauenbewegung gewinnt an Umfang und Bedeutung. Mag sie sich noch so schwächlich geberden:

als sozialer Kampfesausdruck der steigenden äußeren und inneren Lebensnot großer und wachsender Schichten bürgerlicher Frauen wird sie in bestimmter Richtung vorwärts getrieben und muß in ihr ebenso unaufhaltsam Terrain erobern, als die geschichtlichen Kräfte wirksam bleiben, welche jene Lebensnot unvermeidlich erzeugen. Unter dem Zwange revolutionärer Verhältnisse revolutioniert auch sie Menschen und Zustände. Selbst die reaktionärsten Parteien vermögen sich auf die Dauer dieser Lage der Dinge nicht zu entziehen. Es sei in dieser Hinsicht an den Wandel erinnert, der sich in der Stellung der bürgerlichen Parteien zum Vereins- und Versammlungsrecht der Frauen vollzogen hat. Die Freisinnigen fordern heute bereits unbeschränktes und gleiches Vereins- und Versammlungsrecht für beide Geschlechter, und Nationalliberale wie Zentrümler beginnen der Gleichberechtigung des weiblichen Geschlechts wenigstens Konzessionen zu machen. So bereitet sich auch nach und nach ein Frontwechsel in der Haltung der bürgerlichen Parteien zum Frauenwahlrecht vor. Von zwei Seiten bedrängt — vor jeder weiteren Demokratisierung des Wahlrechts zitternd und doch zu einer solchen getrieben —, erscheint ihnen das beschränkte Frauenstimmrecht als rettender Ausweg aus ihren Nöten, gleichzeitig aber als treffliches Mittel, den siegreichen Vormarsch des Proletariats aufzuhalten. Das beschränkte Frauenwahlrecht erlaubt ihnen, sich fortschrittlich aufzuputzen, dabei aber reaktionär zu handeln. Dem Damenrecht eignet eine um so größere Anziehung auf die kapitalistische Welt, als — wie wir bereits ausführten — ein Zensuswahlrecht das eigentliche politische Ideal des bürgerlichen Liberalismus ist. Soweit das Bürgerrecht der Frau Gnade vor seinen Augen zu finden beginnt, ist es daher — von Ausnahmen abgesehen — ein Bürgerrecht mit verfälschtem Inhalt, das Sachrecht an die Stelle von Personenrecht setzt. Mehr und mehr treten überall bürgerliche Liberale im Bunde mit den offenen Reaktionären für das beschränkte Frauenwahlrecht in die Schranken. In diesem Tatbestand, der selbstverständlich den verschiedenen Verhältnissen der einzelnen Länder entsprechend unter verschiedenen Formen und mit Variationen auftritt, haben wir eine Entwickelungsreihe vor uns. Die andere wird dadurch angezeigt, daß die Sozialdemokratie als konsequente Verfechterin des demokratischen Prinzips den Kampf für das Frauenstimmrecht als allgemeines Recht, als Recht der Person führt. Wie liegen die Dinge, welche das bewirken?

Das Proletariat wird durch seine ureigensten Klasseninteressen gezwungen, der kräftigste und zuverlässigste Vorkämpfer für volle Demokratie und damit auch für die politische Gleichberechtigung des gesamten weiblichen Geschlechts ohne Unterschied der Klasse zu sein. In dem Maße, als die Frauenarbeit immer mehr an Umfang und Bedeutung gewinnt und als ausschlaggebender Faktor im wirtschaftlichen Leben auftritt: kann das Proletariat bei der Durchführung seiner ökonomischen Kämpfe der organisierten zielbewußten und disziplinierten Mitwirkung der Frauen nicht entraten. Die wirtschaftliche Organisierung und Schulung der Arbeiterinnen in den Gewerkschaften ist aber nur dann ungehindert möglich, wenn die Frauen volle politische Rechte besitzen. Die politische Unfreiheit des weiblichen Geschlechts erweist sich als eine drückende Fessel für die gewerkschaftliche Organisation und Betätigung der Arbeiterinnen. Welche Rechte zum beruflichen Zusammenschluß und zum wirtschaftlichen Kampf auch immer ihnen durch das Gesetz auf dem Papier eingeräumt seien: bei der engen Verquickung des wirtschaftlichen und politischen Lebens können sie — wie für die Männer auch — illusorisch gemacht werden, solange die ergänzenden und schützenden politischen Rechte fehlen. Jedoch mit dem wirtschaftlichen Kampfe allein ist es für das Proletariat nicht getan. Es steht in einem Kampf von Klasse gegen Klasse, und jeder Klassenkampf ist ein politischer Kampf. Das Proletariat muß auf politischem Gebiete für soziale Reformen in der Gegenwart, für seine volle Befreiung in der Zukunft durch die Eroberung der politischen Macht kämpfen. Je schärfer aber der politische Kampf der Klassen sich zuspitzt, je stärkere Wellen er in die Familie des Arbeiters, des kleinen Mannes wirft, je fühlbarer er die Interessen der Frauen berührt und in Mitleidenschaft zieht, um so weniger können die klassenbewußten Proletarier die Frauen ihrer Klasse als Mitkämpferinnen entbehren. Es wird für sie um so unabweisbareres Bedürfnis, ihre weiblichen Klassenangehörigen als Mitstreiterinnen zur Seite zu haben, die von zielklarer Erkenntnis geleitet, wollen und handeln, als die bürgerlichen Parteien und Mächte sich bemühen, die unaufgeklärten Frauen gegen die aufgeklärten Männer zu mobilisieren. Um aber politisch kämpfen und für den Kampf erzogen werden zu können, bedarf die Proletarierin voller politischer Rechte. Das gesamte Proletariat muß daher die Forderung erheben: „Nieder mit allen gesetzlichen Bestimmungen, welche der Frau die volle politische Gleichberechtigung vorenthalten! Her mit der Zuerkennung aller staatsbürgerlichen Rechte für das gesamte weibliche Geschlecht!"

Diese Forderung wurzelt in der Erkenntnis, wie notwendig und bedeutsam es ist, daß die Proletarierinnen gleich gerüstet und wehrtüchtig wie die Männer ihrer Klasse an den wirtschaftlichen und politischen Kämpfen innerhalb der kapitalistischen Ordnung und gegen sie teilnehmen. Nicht theoretischen Formeln zuliebe, nein, durch sein praktisches Lebensinteresse als Klasse wird das Proletariat gezwungen, als energischster Verfechter des Frauenstimmrechts aufzutreten. Als politische Klassenorganisation des Proletariats mußte daher die Sozialdemokratie die Forderung des Frauenstimmrechtes in ihr Programm aufnehmen und praktisch vertreten. Sie gehorcht damit praktischen Erwägungen, die aus ihrem Verständnis für die Existenz- und Kampfesbedingungen der Arbeiterklasse geboren werden. Sie gehorcht damit aber auch ihrer geschichtlichen Einsicht in die Tendenz der ökonomischen und sozialen Entwickelung: sie weiß, daß das Wahlrecht dank gründlich revolutionierter Daseinsbedingungen eine soziale Lebensnotwendigkeit für die Frauen geworden ist. Sie gehorcht damit endlich dem Gebot sozialer Gerechtigkeit, das sie als treue Verfechterin des demokratischen Prinzips vollstreckt wissen will.

Wenn die Sozialdemokratie demzufolge von je theoretisch und praktisch für das Frauenwahlrecht eingetreten ist, so wird sie jedoch in Zukunft das noch mehr, noch energischer tun müssen als seither. Die Zuspitzung der Klassengegensätze, die Verschärfung des Klassenkampfes zeitigt geschichtliche Umstände, welche die Frage des Frauenwahlrechts in neue Zusammenhänge bringen. Das volle Bürgerrecht der Frau beginnt nicht nur für das Proletariat, sondern auch für die reaktionären Klassen eine große praktische Bedeutung zu gewinnen. In allen Ländern, wo das Proletariat erfolgreich kämpfend auf dem Plan steht und den herrschenden Klassen Furcht vor seiner Macht einflößt, da preßt die Situation den reaktionären Parteien Sympathien für das Frauenwahlrecht ab. Sie befreunden sich mit dem Gedanken seiner Einführung als mit einer letzten winkenden Hoffnung, die bedrohte politische Machtstellung der ausbeutenden Minderheit schützen und befestigen zu können. Und naturgemäß ist es besonders das beschränkte Frauenstimmrecht, das ihre Herzen sich gewinnt. Sie gehen daran, das allgemeine Männerwahlrecht, wo es besteht oder nicht länger vorenthalten werden kann, mittels eines beschränkten Frauenwahlrechts zu „korrigieren", mittels eines Frauenwahlrechts, das an einen bestimmten Besitz oder eine bestimmte Steuerleistung gebunden ist. Das ist zuerst 1902 in Norwegen geschehen, wo das allgemeine kommunale Männerwahlrecht mit einem Zensuswahlrecht für die Frauen verquickt wurde. Das hat sich in dem nämlichen Land vor kurzem betreffs des politischen Wahlrechts wiederholt. Es ist das um so bezeichnender, als der Antrag auf Einführung des beschränkten Frauenwahlrechts im Gegensatz zu einem sozialdemokratischen Antrag zur Annahme gelangte, welcher das allgemeine Frauenwahlrecht forderte. In England — wo seit Jahren schon ein im allgemeinen beschränktes Frauenwahlrecht zu den Lokalverwaltungen besteht — ist starke Aussicht auf baldige Einführung eines gleichfalls beschränkten politischen Frauenstimmrechts vorhanden. Ein solches hat warme Fürsprecher — Stockreaktionäre und bürgerlich Liberale — im österreichischen und italienischen Parlament gefunden. Belgische und französische Klerikale spielen mit der Idee einer eventuellen Forderung des Frauenwahlrechts. In Deutschland hat einer der blutigsten Gründer und skrupellosesten Scharfmacher, hat Herr von Kardorff erklärt, unter Umständen über das Frauenwahlrecht mit sich reden zu lassen.

Aber besonders wichtig für uns sind die Wandlungen, sind die Tendenzen, die zur Frage innerhalb des Zentrums auftreten. Auf dem Katholikentag zu Straßburg 1905 hat das Zentrum der Frauenfrage gegenüber einen entschiedenen Frontwechsel vollzogen. Auf dieser Tagung hat Pater Auracher einer veränderten Haltung zur Frauenfrage, insbesondere aber zur weiblichen Erwerbstätigkeit, das Wort geredet, und das gestützt auf Gründe, die kein Sozialdemokrat zutreffender zu entwickeln vermöchte. Schüchtern hat Pater Auracher sogar angedeutet, daß den Frauen auch die politische Betätigung nicht länger vorenthalten bleiben könnte. Bald darauf ist das Zentrum im bayerischen Landtag viel weiter gegangen. Eine Petition des bürgerlichen Vereins „Frauenwohl" auf Einführung des Frauenwahlrechts ist dort von 32 Zentrümlern unterstützt worden. Dr. Heim hat ihre Stellungnahme in Ausführungen motiviert, die seiner geschichtlichen Einsicht alle Ehre machen. Nun wäre es verfehlt, aus der hervorgehobenen Tendenz zu schließen, daß das Zentrum etwa von heut auf morgen als begeisterter Vorkämpfer für das Frauenwahlrecht und gar für ein allgemeines Frauenwahlrecht im Felde erscheinen werde. Solche überschwengliche törichte Hoffnungen werden durch das gedämpft, was sich in Belgien begeben hat. Als 1902 die belgischen Genossen das allgemeine Wahlrecht für Männer und Frauen zu den Gemeinde- und Provinzialräten beantragten, erklärten die Klerikalen, sie würden für das Frauenwahlrecht stimmen. Ihre Erklärung war ein grobes Manöver, darauf berechnet, die philisterhaft kurzsichtigen Liberalen zu schrecken und zu veranlassen, ihre Stimmen gegen den Antrag abzugeben. Als es zur Entscheidung kam, stimmte nicht ein einziger Klerikaler für den Antrag unserer Genossen, und nur einer brachte den Mut auf, sich der Abstimmung zu enthalten!

Ungeachtet dieses lehrreichen Vorgangs bleiben die übrigen angezogenen Tatsachen charakteristisch und bedeutsam genug. Sie lassen erkennen, daß im Zentrum Tendenzen wirksam sind, welche an einer

Umbildung seines seitherigen grundsätzlichen Verhaltens zum Frauenwahlrecht arbeiten. Sie zeigen sinnenfällig, daß für die Stellungnahme dieser Partei zur strittigen Frage im letzten Grunde nicht die vorgeschobenen prinzipiellen ideologischen Gesichtspunkte ausschlaggebend sind, sondern der sehr realpolitische Wille, die Herrschaft der Kirche und der besitzenden Klassen um jeden Preis zu sichern. Die Klerikalen bekennen sich zu dem Grundsatz: „Die Frau schweige in der Gemeinde," solange seine Praxis im Interesse ihrer Herrschaftsstellung als politischer Sachwalter des kapitalistischen Eigentums gelegen ist. Jedoch werden sie jederzeit bereit sein, der Frau die Zunge in der Gemeinde zu lösen, wenn sie meinen, dadurch die Macht der Kirche und der besitzenden Klassen befestigen zu können. Wie es in der Bibel steht: „Denen, die Gott lieben, müssen alle Dinge zum Besten dienen." Wenn der Herr die Herzen der Mächtigen und Gewaltigen einmal nicht sichtbarlich wie Wasserbäche im Dienste einer kirchennützlichen Politik gelenkt hat: haben die Träger der katholischen Kirche allzeit mittels kluger und schöner Frauen der Vorsehung korrigierend nachgeholfen. Und zwar ließen sie in diesem Falle legitime wie illegitime und mit besonderer Vorliebe allerhöchst illegitim Frauen als gleichberechtigt zu politischen Dingen zu. Sie verschmähten es nie und nirgends, und sie streben heute mehr als je danach, dank dem Einfluß des Beichtvaters über die Frauen die männliche Bevölkerung politisch im Schlepptau der reaktionären Parteien zu halten. Wie sie die Frau im Schatten des Beichtstuhls und Alkovens als schleichende Intrigantin oder betört kurzsichtig Flehende zu den politischen Machtzwecken der Kirche ausgenutzt haben, so werden sie sich auch dazu verstehen, sie als Vollbürgerin im großen Lichte der Oeffentlichkeit auf den politischen Kampfplatz zu rufen. Die oben hervorgehobene Bedingung natürlich vorausgesetzt.

Im Zeichen des verschärften Klassenkampfes gewinnt jedoch nicht nur das beschränkte Frauenwahlrecht für die reaktionären Klassen und Parteien wachsende Reize. Unter Umständen fangen sie an, sich mit dem Frauenwahlrecht überhaupt auszusöhnen, und dort, wo das allgemeine Männerwahlrecht weder gemeuchelt werden kann, auch das allgemeine Frauenstimmrecht nicht länger als das Uebels größtes zu betrachten. Welche Resultate es auch für die Zukunft in seinem Schoße tragen mag: in der Gegenwart erscheint es ihnen immer noch als eine rettende Planke. Sie lernen es als ein Mittel schätzen, die Wirkungen des allgemeinen Männerwahlrechts zu durchkreuzen. Après nous le déluge! Nach uns die Sintflut! Ihre Bekehrung zum Frauenwahlrecht wird von den flachsten Augenblicks- und Nützlichkeitserwägungen bestimmt. Sie gründet nicht in geschichtlicher Einsicht und der Achtung vor dem Recht des Weibes, das unter dem Drucke revolutionierter Daseinsbedingungen zu politischer Reife erwächst. Nein, ihre Wurzel ist die kühle Spekulation auf die geistige Rückständigkeit, auf die politische Gleichgültigkeit und Verständnislosigkeit, welche das traurige Erbteil ist, das Jahrhunderte der Unfreiheit und Ungleichheit großen Massen des weiblichen Geschlechts gelassen haben. Die Gleichberechtigung des weiblichen Geschlechts wird von den betreffenden Bürgerlichen als eine unerläßlich gewordene formale Anweisung mit in den Kauf genommen, die latente politische Rückständigkeit der weiblichen Bevölkerung in aktive wirksame Rückständigkeit umsetzen zu können. Die Herrschaft bürgerlicher, ja ausgesprochen reaktionärer Ideen über die Geister dünkt ihnen im größten Teil der Frauenwelt —

leider auch des weiblichen Proletariats! — stark und unerschüttert genug, um im politischen Leben die unaufgeklärten Frauen zu Nutz und Frommen der besitzenden Klassen gegen die klassenbewußt kämpfenden Proletarier ausspielen zu können. Sie treten für das Frauenwahlrecht ein als für ein Korrektiv gegen die steigende Aufklärung der Arbeiter und ihren zunehmenden Abmarsch ins Lager der Sozialdemokratie. Je größer die wirtschaftliche und soziale Macht oder auch die geistige Vormundschaft ist, welche die Vorkämpfer reaktionärer Ideen und Zustände über breite Massen der weiblichen Bevölkerung noch ausüben: um so näherliegender ist auch unter den aufgezeigten Zusammenhängen die Neigung zur Einführung des Frauenwahlrechts. Das Zentrum insbesondere hat diese gegenwärtig weniger als jede andere Partei zu fürchten. Umgekehrt: es kann von ihr mit Sicherheit eine nicht unwesentliche Stärkung seiner politischen Macht erwarten. So begreift sich, daß in Belgien, in Frankreich und anderwärts noch die Klerikalen heute der Forderung des Frauenwahlrechts im allgemeinen sympathischer gegenüberstehen als die bürgerlichen Liberalen.

Der nämliche Tatbestand, der das bedingt, erklärt jedoch auch das andere. Die tiefe Abneigung, welche die bürgerlichen Liberalen, die Demokraten inbegriffen, gegen die Einführung des Frauenwahlrechts zumal in Ländern bekunden, wo der Klerikalismus noch die vorherrschende oder zum mindesten eine sehr starke Macht ist. Diese Abneigung erweist nicht nur ihre Furcht vor den Klerikalen, sondern sie ist gleichzeitig auch das Eingeständnis der geringen geistigen Fühlung, die zwischen den Liberalen und der Frauenwelt der bürgerlichen Klasse besteht. Fast in allen Ländern des westeuropäischen Kontinents haben die bürgerlichen Liberalen ihren „Männerstolz" weniger „vor Königsthronen" als gegenüber dem weiblichen Geschlecht geübt, das sie in der Oeffentlichkeit als Löwen anbrüllen, um dafür im Hause recht oft als die kläglichsten Meister Zettel demütig unter den Pantoffel zu kriechen. Sie haben die Frauen als quantité négligeable des öffentlichen Lebens behandelt und ihre geistige Rückständigkeit als Bürgschaft der „Griseldistugend" gepflegt und erhalten, welche dem Philister so bequem ist. Die fanatischsten bürgerlichen Freidenker und wütendsten Pfaffenfresser erachten herablassend lächelnd, daß religiöser Aberglaube ihre Frauen und Töchter wohl ziert, und sie lassen die Ansätze zu deren geistiger und sozialer Betätigung im Weihrauchduft und Sakristeimoder unter Leitung von Geistlichen und Betschwestern beider Geschlechter verkümmern. Die politische Aufklärung und Schulung der bürgerlichen Frauen hat der bürgerliche Liberalismus geradezu systematisch vernachlässigt, wenn nicht gar grundsätzlich verfemt. Obschon die bürgerliche Demokratie an der Wiege des politischen Erwachens der Frauenwelt gestanden ist, hat sie doch so gut wie nichts für die Erziehung ihres Patenkindes getan. Nicht mit Unterstützung der Männerwelt ihrer Klasse, vielmehr im Gegensatz zu dieser und im Kampfe mit ihr hat sich die Sammlung und Schulung der bürgerlichen Frauen zum Ringen für ihr Bürgerrecht vollzogen. So trennt heute — von England und zum Teil auch von Skandinavien abgesehen — in der liberalen Bourgeoisie eine breitere Kluft als in jeder anderen sozialen Schicht das geistige Leben, die politische Gesinnung der Geschlechter. Und wenn die bürgerlichen Liberalen vor der politischen Rückständigkeit der Frauen zittern, welche die Macht der unverhüllten Reaktion und insbesondere des Klerikalismus stärken müsse, so zittern sie nur vor dem Geschöpf ihrer eigenen Sünde und Schande.

Die nicht zu leugnende geistige und politische Rückständigkeit der Mehrheit des weiblichen Geschlechts hat auch im Lager der Sozialdemokratie hier und da vereinzelte Stimmen laut werden lassen, die sich aus „Zweckmäßigkeitsgründen" für jetzt gegen die Zuerkennung des Wahlrechts an die Frauen erklärt haben. So hat z. B. Troelstra, einer der angesehensten Führer der holländischen Sozialisten, seinerzeit geäußert, er werde gegen einen eventuellen Antrag auf Einführung des Frauenwahlrechts stimmen. Die Neuerung müsse zu einer Stärkung der Reaktion führen, weil die Frauen noch zu unaufgeklärt seien. Dem Sinne nach gleiche Aeußerungen sind besonders in Ländern und Gegenden gefallen, wo unter dem Einfluß bestimmter geschichtlicher Verhältnisse die Sozialdemokratie vor allem den Kampf gegen den Klerikalismus führen muß, weil dieser als stärkster und gefährlichster Sachwalter der Ausbeuterinteressen auftritt. Aber auch anderwärts kann man der Meinung begegnen, daß die Zeit noch nicht erfüllet sei, in welcher die Sozialdemokratie für die Einführung des Frauenwahlrechts kämpfen solle. Der Ansicht liegt überall die Auffassung zugrunde, daß die unaufgeklärten Frauen zum Spielball in den Händen der reaktionären, in ganz besonderem Maße aber der klerikalen Parteien werden würden, so daß ihre Stimmen auf lange Zeit hinaus den Klassenkampf des Proletariats mit ernsten Gefahren bedrohten.

Nun wäre es töricht, zu bestreiten, daß mit der vollen politischen Emanzipation des weiblichen Geschlechts auch Frauen, viele Frauen das Wahlrecht ausüben werden, die infolge mangelnden politischen Verständnisses mit ihrem Stimmzettel zur Stärkung der Reaktion beitragen. Es fragt sich jedoch, ob das ein Grund ist, dem weiblichen Geschlecht das Bürgerrecht vorzuenthalten, und ob diese Vorenthaltung das Mittel ist, die Rückständigkeit der Frauen mitsamt ihrer reaktionären Ausnutzung zu überwinden. Wir sagen: nein! Wäre die zur Frage geäußerte Auffassung richtig, dann dürfte das Proletariat überhaupt nie für eine Demokratisierung des Wahlrechts eintreten. Denn jede über den status quo hinausgehende Ausdehnung des Stimmrechts bringt zunächst Massen auf den politischen Kampfplatz, die noch nicht politisch geschult und zum richtigen Gebrauch ihres Bürgerrechts erzogen sind. Das Wahlrecht ist jedoch nicht eine Belohnung für politische Reife, sondern umgekehrt ein äußerst wirksames Mittel, die Massen zu sammeln, zu organisieren und zu politischer Reife zu erziehen. Wollten wir nur politisch reifen Staatsangehörigen das Wahlrecht zusprechen, so müßten wir es einer sehr großen Zahl von heute Wahlberechtigten aberkennen. In der Tat machen noch immer viele hunderttausende Wahlberechtigter aus dem Proletariat den denkbar verkehrtesten Gebrauch von ihrem Bürgerrecht. Sie geben bürgerlichen Kandidaten ihre Stimme und liefern damit ihre Interessen ihren Gegnern aus. Aber kein ernst zu nehmender Sozialdemokrat wird im Hinblick auf diese Tatsache einer Entziehung oder Vorenthaltung des Wahlrechts das Wort reden. Die Pariser „Revue Socialiste" veranstaltete im Sommer 1906 eine Umfrage darüber, wie sich führende Sozialisten aller Länder zum Frauenwahlrecht stellen. Alle Antworten stimmten darin überein, daß die politische Rückständigkeit des weiblichen Geschlechts kein Grund sein dürfe, ihm das Wahlrecht vorzuenthalten. Vaillant und Allemane haben das für die französischen Sozialisten erklärt, Keir Hardie und Mac Donald für die englischen, Kautsky und Bernstein für die deutsche Sozialdemokratie, Ferri äußerte sich für die italienische und Vanderbelde für die belgische Bruderpartei in dem gleichen Sinne. Die Sozialdemokratie lebt nicht den bürgerlichen Parteien gleich aus der Hand in den Mund. Sie erfaßt die Dinge und Verhältnisse nicht bloß in der abgeschlossen scheinenden Form dessen was ist, vielmehr im Flusse der Entwickelung dessen, was aus ihnen dank der geschichtlichen Dialektik wird. Bei aller Berücksichtigung der Wirklichkeit von heute stellt sie in Anrechnung, was aus dieser Wirklichkeit werden kann, und was sie selbst aus ihr entwickeln muß. Das Zukünftige ist der letzte und höchste Maßstab ihrer Haltung. Auch ihre Stellungnahme zum Frauenwahlrecht wird daher nicht bestimmt durch die reaktionären Folgen, die seine Einführung zunächst und vorübergehend haben kann, wohl aber durch den Ausblick auf die revolutionären Wirkungen, die bald und dauernd in Erscheinung treten müssen.

Die Gewährung des Wahlrechts birgt eben nicht nur die augenfällige Gefahr in sich, vielmehr gleichzeitig auch ihre Korrektur, das Mittel zu ihrer Ueberwindung. Die Rückständigkeit des weiblichen Geschlechts predigt der Sozialdemokratie keineswegs, die Losung des Frauenwahlrechts fallen zu lassen oder auch nur zurückzustellen, wohl aber die andere: mit der höchsten Kraftentfaltung an der Aufklärung und Schulung der proletarischen Frauenmassen zu arbeiten. Und für die Erfüllung dieser Aufgabe schafft gerade die Gewährung des Frauenwahlrechts den stärksten Anreiz. Der Wert der sozialistischen Aufklärungs- und Organisierungsarbeit unter dem Proletariat wird leider hier und da einseitig an ihrer Bedeutung für die Gewinnung von Wahlstimmen und Mandaten gemessen und nicht nach ihrer allseitigen Tragweite für die Revolutionierung der Hirne und die innere Kampfesbereitschaft der Massen. Die Frau hat jetzt unmittelbar keine Stimme und kein Mandat zu vergeben. Manchen dünkt daher die Erweckung und Erziehung der Proletarierinnen zum Klassenbewußtsein eine Art Luxus und Zeitvertreib, welchen die Partei mehr zu dulden als zu fördern habe. Sie erachten sie nicht als eine Lebensnotwendigkeit des proletarischen Klassenkampfes, als eine ernste Aufgabe, der sich die Partei mit dem gleichen Eifer widmen muß, wie der Schulung des männlichen Proletariats. Von dem Augenblick an, wo durch Einführung des allgemeinen Frauenwahlrechts die Stimme des Weibes einen parlamentarischen Kurswert erhält, der auf dem politischen Markt erscheint, wird das anders. Es beginnt das Wettrennen der Parteien um die Stimmen der Frau, der armen Frauen insbesondere, denn sie bilden die Masse der Wählerinnen. Und dann wird allgemach auch von den Kurzsichtigsten die zwingende Notwendigkeit begriffen, der Aufklärung der Arbeiterfrauen und Arbeiterinnen die gleiche Aufmerksamkeit zuzuwenden, wie derjenigen der proletarischen Männer.

So liegt unseres Erachtens kein Grund vor, welcher die Sozialdemokratie bestimmen könnte, die Forderung voller politischer Gleichberechtigung des weiblichen Geschlechts „in den Silberschrein" zu stellen und nur bei feierlichen Gelegenheiten als Prunkstück herauszuholen. Wohl aber scheint es in unseren Tagen angezeigt, daß ihre Aktionen für das Frauenwahlrecht immer energischer und wuchtiger werden müssen. Der Gefahr, daß ein beschränktes Frauenwahlrecht zur Einführung gelangt, begegnet die Sozialdemokratie am besten dadurch, daß sie ihr eine kraftvolle und systematische Agitation für das allgemeine Frauenwahlrecht entgegenstellt. Und eine solche erweist sich gleichzeitig als vorzügliches Mittel, die Frauen der werktätigen Massen zur Erkenntnis ihrer Klassenlage wach zu rütteln und sie dem Heere des klassenbewußt kämpfenden Proletariats einzureihen. Das aber ist die Voraussetzung dafür, sie durch intensive Arbeit zu politischer Selbständigkeit und Reife emporzuheben und es dadurch der Reaktion zu bereiteln, ihren Zwecken in nennenswertem Umfange die Stimmen der proletarischen Frauen dienstbar machen zu können. Der Sieg der Sozialdemokratie in Finnland bei der ersten Wahl, die unter dem gleichen Wahlrecht für Männer und Frauen stattfand, hat das schlagend erwiesen.

IX.
Die Wahlrechtskämpfe des Proletariats und das Frauenwahlrecht.

Die Stellungnahme der internationalen sozialistischen Parteien zur Frage des Frauenwahlrechts scheint unter den obigen Gesichtspunkten klar vorgezeichnet. In manchen Ländern jedoch haben die Genossen „Zweckmäßigkeitsgründe" dafür geltend gemacht, daß unter bestimmten Umständen der Kampf für das allgemeine Männerwahlrecht nicht mit dem Kampf für das Frauenwahlrecht verquickt werden dürfe. Während wichtiger Wahlrechtskämpfe haben sie sich damit begnügt, das allgemeine Männerwahlrecht zu fordern und zu verfechten.

Das geschah 1902 in Belgien, wo die sozialistische Arbeiterpartei in ihrer Kampagne für das gleiche Wahlrecht die Forderung des Frauenwahlrechts fallen ließ. Von bestimmendem Einfluß darauf war neben anderen Gründen — Genosse Vandervelde hat es anerkannt — die Rücksicht auf die bürgerlichen Liberalen, die erklärten, sie würden für die Wahlrechtsreform nicht eintreten, wenn die Sozialisten auf ihrer Forderung des Frauenwahlrechts beständen. Was hat sich aber gezeigt? Die Arbeiterpartei wurde in ihrem parlamentarischen und erst recht in ihrem außerparlamentarischen Kampf für die Wahlrechtsreform von den Liberalen in der schmählichsten Weise im Stich gelassen. Die prinzipielle Forderung der Partei war also ohne praktischen Nutzen geopfert worden.

Ein ähnlicher Vorgang hat sich 1906 in Schweden wiederholt. Durch den Druck einer rührigen Agitation, welche die sozialistische Partei betrieben hatte, wurde die Regierung gezwungen, eine Wahlrechtsvorlage einzubringen. Die Regierung hatte von vornherein den bürgerlichen Frauenrechtlerinnen erklärt, daß sie es ablehne, in ihre Vorlage das Frauenwahlrecht aufzunehmen. Die sozialdemokratische Fraktion in der zweiten schwedischen Kammer beschloß angesichts der praktischen Aussichtslosigkeit eines Vorstoßes, das Frauenstimmrecht nicht zu beantragen, aber dafür zu stimmen, wenn es von anderer Seite beantragt würde. Der Entwurf zur Wahlrechtsreform gelangte nun zwar in der zweiten Kammer zur Annahme, allein in der ersten scheiterte er. Obwohl die Sozialisten ihre Ansprüche auf Demokratisierung des Wahlrechts auf das bescheidenste Maß reduziert hatten, ließ die Reaktion sich durch ihre Nachgiebigkeit nicht entwaffnen. Sie fühlte sich noch mächtig genug, jede Reform des Wahlrechts zurückzuschlagen. Auch in Schweden war also der Verzicht auf die prinzipielle Forderung ohne praktischen Wert. Genosse Branting schrieb daher kurz darauf in der „Gleichheit", daß die sozialistische Partei nun in eine neue Phase des Kampfes eintrete, daß sie den Kampf aufnehmen müsse für die Beseitigung der Ersten Kammer. Er schloß seine interessante Darstellung des Wahlrechtskampfes mit der Erklärung, daß der weitere Kampf ein bedeutsamer sei, denn er gehe um die Macht zwischen den besitzenden und nichtbesitzenden Klassen. Das Proletariat müsse daher an alle Mittel des Kampfes denken. Ein Kampf aber, der in seiner Bedeutung und seinen Opfern so weittragend sei wie er, könne nicht bestimmt werden durch kleinliche Opportunitätsrücksichten, er müsse prinzipiell durchgefochten werden. Der nächste Wahlrechtskampf der schwedischen Sozialisten werde daher ein Kampf sein für das allgemeine und gleiche Wahlrecht der Männer wie der Frauen.

Noch in einem dritten Lande hat sich betreffs der Haltung der Sozialdemokratie zum Frauenwahlrecht ähnliches begeben: in Oesterreich. Dort war es dem Proletariat nach jahrelangem zähem, tapferstem Kampfe gelungen, die Regierung zu zwingen, endlich an eine einigermaßen durchgreifende Wahlrechtsreform zu gehen. Sie mußte einen Entwurf einbringen, der das allgemeine, gleiche, direkte und geheime Wahlrecht zu dem Reichsrat einführte und mit dem Kuriensystem aufräumte, dank dessen die politische Macht des Proletariats im Parlament völlig erdrückt wurde. Die Wahlrechtsreform, zu der die Regierung sich verstanden, war bedeutsam genug, sie entsprach jedoch in den verschiedensten wichtigen Punkten durchaus nicht den grundsätzlichen Forderungen der Sozialdemokratie, das Wahlrecht betreffend. Unter anderen „Schönheitsfehlern", die ihr anhafteten — wie einjährige Seßhaftigkeit, schreiend ungerechte Wahlkreisgeometrie usw. — war auch der, daß sie die Frauen rechtlos ausgehen ließ. In der gegebenen Situation waren die österreichischen Genossen und Genossinnen der Ansicht, daß es zunächst gelten müsse, den Männern das allgemeine Wahlrecht unbedingt und so rasch als möglich zu erobern. Und da ihnen seine Eroberung gefährdet erschien, wenn der Wahlrechtskampf auch für das Frauenwahlrecht geführt werde, beschloß der Parteitag — wie die Genossinnen selbst befürworteten — diese Forderung vorläufig zurückzustellen. Die österreichische Sozialdemokratie beschränkte sich darauf, ihre volle Macht für den Reformentwurf der Regierung einzusetzen und nicht für ihre eigenen grundsätzlichen Wahlrechtsforderungen. Daß sie sich bemüht hat, den Entwurf durch ihre parlamentarische Arbeit in Einzelheiten so viel als möglich zu verbessern, sei ausdrücklich hervorgehoben.

Bei Würdigung der Verhältnisse, unter denen unsere Bruderpartei in den Wahlrechtskampf zog, ist die Auffassung verständlich, die Eroberung des allgemeinen Wahlrechts wenigstens für die Männer nicht gefährden zu dürfen. Es galt endlich eine Wahlrechtsreform zustande zu bringen, welche Oesterreich in einen modernen Staat umwandelte, und damit die Vorbedingung dafür schuf, daß das Proletariat im Parlament, im politischen Kampfe seine ganze Macht entfalten kann. Aber wäre die Eroberung des allgemeinen Wahlrechts tatsächlich dadurch bedroht, ja unmöglich gemacht worden, daß die Sozialdemokratie für ihr grundsätzliches Wahlrechtsprogramm den Kampf aufgenommen und auch die Forderung des Frauenwahlrechts aufrechterhalten und in der Agitation wie im Parlament mit allem Nachdruck verfochten hätte? Das ist die Frage. Wir stehen nicht an, die Notwendigkeit der von Anfang an geübten Entsagung zu verneinen.

Zunächst sei das eine klargestellt. Angesichts der gegebenen Situation konnte niemand der österreichischen Sozialdemokratie ansinnen, das Frauenwahlrecht zu einer ausschlaggebenden Forderung des Wahlrechtskampfes zu machen, zu einem Grund- und Eckstein, mit dem die Wahlrechtsreform stand und fiel. Dieses Ansinnen wäre im Hinblick auf die Machtverhältnisse zwischen den kämpfenden Parteien, hinter denen die kämpfenden Klassen und Nationen standen, eine Torheit gewesen; im Hinblick auf den erreichbaren Kampfpreis — das allgemeine Männerwahlrecht — ein Verbrechen. Ja mehr noch. Es durfte und konnte in dem Wahlrechtskampf nicht von einem Hervordrängen der Forderung des Frauenstimmrechts vor die übrigen wichtigsten sozialistischen Einzelpostulate zur Demokratisierung des politischen Rechts die Rede sein. Jedoch ein anderes ist: das alles berücksichtigen, oder: die Forderung des Frauenwahlrechts von Anfang an aus dem Kampfe ausschalten. Aller Schwierigkeit und Bedeutung des Wahlrechtskampfes ungeachtet lag unseres Erachtens kein triftiger Grund vor, sich über den Beschluß des Amsterdamer Internationalen Sozialistischen Kongresses, das Frauenwahlrecht betreffend, hinwegzusetzen. Das Frauenwahlrecht hätte seiner grundsätzlichen und praktischen Wichtigkeit für das kämpfende Proletariat gemäß gefordert und vor den Massen wie im Parlament mit Nachdruck vertreten werden sollen. Dadurch, daß unsere österreichische Bruderpartei das Frauenwahlrecht von vornherein aus dem Kampfe ausschied, verschwand die Forderung auch so gut wie vollständig aus der Agitation, wurde sie im Reichsrat ebenfalls nicht ihrer Bedeutung entsprechend verfochten. Es war dies durchaus naturgemäß. Während einer Periode des Kampfes konzentriert sich die Agitation auf das Kampfesobjekt. Die Agitation ist ja selbst ein wesentlicher, ja der wichtigste Teil des Kampfes: sie gibt die Order, welche die Massen mobilisiert und als Macht für das Kampfesziel aufmarschieren läßt. Eine Forderung, die nicht im Aktionsprogramm einer Kampagne ausgesprochen ist, wird daher im allgemeinen auch in der Agitation unausgesprochen bleiben. Aehnliches gilt von dem parlamentarischen Kampf.

Zur Rechtfertigung der befolgten Taktik ist behauptet worden, daß die Einbeziehung des Frauenstimmrechts in den Kampf den Gegnern willkommen Anlaß geboten hätte, die Wahlrechtsreform zu verschleppen, wohl gar zum Scheitern zu bringen. Unseres Dafürhaltens war jedoch diese Befürchtung gegenstandslos. Es stand durchaus in der Macht der sozialdemokratischen Fraktion, im Reichsrat die Forderung des Frauenstimmrechts — wie jeden anderen einzelnen Punkt des Wahlrechtsprogramms — zurückzuziehen, nachdem sie vorher ihrer Bedeutung entsprechend erhoben und begründet worden war. Die Fraktion war also gegenüber etwaigen reaktionären Verschleppungsanträgen zur strittigen Frage nicht wehrlos, sondern konnte sie zurückschlagen. Dann aber und vor allem war den reaktionären Gelüsten, die Wahlrechtsreform ins Stocken zu bringen und womöglich bachab zu schicken, eine Grenze gezogen durch die Furcht vor der Macht des Proletariats. Die Haltung der reaktionären Parteien in den Kämpfen ums Wahlrecht wird im letzten Grunde nicht bestimmt durch die „weise Mäßigung" der preoletarischen Forderungen, sondern durch die tatsächliche Macht des Proletariats, die hinter den Forderungen steht. Auch die zäheste, die tückischste Reaktion läßt, was sie nicht tun kann und tut, was sie nicht lassen kann. Das hat auch der österreichische Wahlrechtskampf bestätigt. Trotz des Verzichts der Sozialdemokratie, ihre grundsätzliche Forderung des Frauenstimmrechts zu erheben, hat der Wahlrechtsausschuß sich mit dieser befassen müssen. Der Demokrat Choc beantragte dort die Einführung des Frauenwahlrechts; zwei Reaktionäre, Hruby und Kaiser, forderten das Damenwahlrecht. Genosse Dr. Adler hat dann in trefflicher Weise zu der Frage Stellung genommen. Es würde aber nach unserer Meinung weit wirksamer gewesen sein, wenn die Sozialdemokratie von

Anfang an nachdrücklich für die Forderung eingetreten wäre. Im Kampf für das Recht sozial Unterdrückter, minderberechtigter Schichten und Klassen, muß unsere Partei jederzeit den bürgerlichen Parteien voranschreiten. Doch der springende Punkt der Sache selbst: Die reaktionären Parteien haben die durch den Antrag Choc geschaffene Situation nicht zu Verschleppungsmanövern ausgenutzt. Sicherlich ebenso wenig aus einem ihnen völlig fremden Respekt vor dem Recht des Proletariats, vor den weitreichenden Allgemeininteressen, um die es ging, wie aus frommer Rührung über die Beschränkung, welche die Sozialdemokratie sich auferlegt hatte. Was ihr Verhalten leitete, war lediglich das Bewußtsein ihrer Ohnmacht, die proletarischen Massen noch länger um die Errungenschaft ihres glänzenden Kampfes betrügen zu können. Solange und soweit sie die Kraft spürten, die Wahlrechtsreform durch plutokratische Bestimmungen zu verschandeln, sich ihrem Abschluß zu widersetzen, haben sie dies reichlich getan, auch ohne daß die Forderung des Frauenstimmrechts eine Rolle in dem Kampfe gespielt hätte. Mehr als einmal sind die Wahlreformarbeiten ins Stocken geraten. Damit sie in Fluß blieben, mußte das Proletariat stets Gewehr bei Fuß stehen, damit sie zum Abschluß kamen, mußte es mit dem revolutionären Kampfesmittel des Massenstreiks drohen. Nicht der kampflose Verzicht auf wesentliche Forderungen des sozialdemokratischen Wahlprogramms hat den siegreichen Ausgang des Kampfes gesichert. Das hat vielmehr die Kraft, das Ungestüm, die Ausdauer des klassenbewußten Proletariats getan, das die Frage der Wahlrechtsreform aus den Kabinetten der Minister und den Konventikeln der Parlamentarier in die Straße, unter die breitesten Massen trug. Wie andere große politische Kämpfe des Proletariats, so ist auch der Kampf ums Wahlrecht in Oesterreich in Wirklichkeit nicht im Parlament entschieden worden. Seine entscheidenden Schlachten haben die proletarischen Massen außerhalb des Reichsrats geschlagen.

Wozu der Lärm ob der ausgeschalteten Forderungen, könnte man vielleicht fragen. In der gegebenen Situation konnte der Siegespreis des Kampfes doch nicht mehr als das allgemeine Männerwahlrecht sein. Der Kampf für das Frauenwahlrecht wäre eine verlorene Schlacht geblieben. Gewiß! Aber die verlorene Schlacht wäre keine vergebliche gewesen. Sie hätte außerordentlich viel dazu beigetragen, den künftigen Triumph des Frauenwahlrechts vorzubereiten. Die ebenso stürmische als ausdauernde Wahlrechtskampagne der österreichischen Sozialdemokratie hatte die Massen bis in ihre Tiefen aufgewühlt, hatte ihre Empfindlichkeit, ihr Verständnis für soziales Unrecht gesteigert, hatte eine Bereitschaft der Geister ausgelöst, mit alten überkommenen Begriffen und Zuständen abzurechnen, neue Ideen aufzunehmen und kämpfend zu vertreten. Diese geistige Atmosphäre war außerordentlich geeignet, die Forderung voller politischer Gleichberechtigung des weiblichen Geschlechts unter alle Bevölkerungsschichten zu tragen und ihr insbesondere unter den proletarischen Massen Anhänger und Anhängerinnen zu werben. Diese Situation ist nicht genutzt worden, das bleibt bedauerlich. Ein Antrag auf Einführung des allgemeinen Frauenwahlrechts ist eine der ersten Aktionen der sozialdemokratischen Fraktion gewesen, welche dank des eroberten allgemeinen Männerwahlrechts in den österreichischen Reichsrat eingezogen ist. Das bekräftigt, was nie angezweifelt werden konnte: daß die österreichische Sozialdemokratie das Frauenwahlrecht nach der grundsätzlichen und praktischen Bedeutung wertet, die ihm zukommt. Kein Zweifel auch, daß die Partei den Antrag im Parlament wie außerhalb des Parlaments mit dem ernsten Eifer und der hingebungsvollen feurigen Begeisterung verfochten wird, durch welche sich bisher ihre Kämpfe ausgezeichnet haben. Allein, daß trotz der 87 sozialdemokratischen Abgeordneten im Reichsrat betreffs eines praktisch greifbaren Resultats des Vorstoßes die Situation jetzt günstiger läge als zur Zeit des großen allgemeinen Wahlrechtskampfes, wird wohl niemand behaupten. Die kühle Art, mit welcher die reaktionäre Mehrheit des Parlaments im Handumdrehen dem sozialdemokratischen Antrag auf Einführung des allgemeinen Wahlrechts zu den Landtagen der Kronländer die Dringlichkeit abgesprochen hat, zeigt sinnenfällig, was von ihr in puncto weiterer Wahlrechtsreformen zu erwarten ist. Aber auch die Aussichten für die agitatorische Wirkung des Antrags auf die Massen haben sich nicht verbessert. Dadurch, daß die Forderung losgelöst von dem allgemeinen Rechtsbegehren auftritt, das im Wahlrechtskampfe seinen Ausdruck fand, ergreift sie von vornherein weder in dem gleichen Umfange noch mit der gleichen Wucht die Massen. Davon abgesehen, daß in den Zeiten ruhigen politischen Alltagslebens auch die vorzüglichsten Parlamentsreden nicht die revolutionäre und revolutionierende Stimmung zu entfachen vermögen, welche von einer Epoche stürmischen Kampfes geschaffen wird. Es gilt von solcher Stimmung der Massen, was Auer von der Begeisterung sagte: „Sie ist keine Heringsware, die sich einpökeln läßt."

In Deutschland hat es nicht an Leuten gefehlt, welche mit dem weisen Schulmeisterfinger auf die Vorgänge in Oesterreich als auf ein Beispiel hingedeutet haben, das die deutsche Sozialdemokratie in ihren Wahlrechtskämpfen schleunigst nachahmen solle. Den Genossinnen insbesondere wurde gepredigt, hinter der Solidarität und Disziplin nicht zurückzustehen, die ihre österreichischen Schwestern bewiesen haben, indem sie die Forderung des Frauenwahlrechts zurückstellten und ihre ganze Kraft für die Eroberung des allgemeinen Männerwahlrechts einsetzten. Zehn gegen eins: die Mahner werden ihre Stimme aufs neue und eindringlicher erheben, sobald die Wahlrechtskämpfe in Preußen, Sachsen usw. wieder in kräftigeren Fluß kommen und schärfere Formen annehmen. Es schien uns daher geboten, die dem Frauenwahlrecht gegenüber geübte Taktik der österreichischen Genossen zu prüfen. Und ungeachtet der Würdigung all der großen und komplizierten Schwierigkeiten, mit denen der Wahlrechtskampf der Sozialdemokratie in Oesterreich rechnen mußte, ungeachtet auch der aufrichtigen Bewunderung für die kühl wägende und kühn wagende Art, wie unsere Genossen diesen Kampf durchgefochten haben, können wir nicht umhin zu sagen: diese Taktik kann und darf nicht die unsere sein. Die „Zweckmäßigkeitsrücksichten", denen die Forderung des Frauenwahlrechts momentan geopfert worden ist, haben die Reaktion nicht gehindert, im Kampfe gegen die Wahlrechtsreform bis an die Grenze ihrer Macht zu gehen, und sie haben es dem Proletariat nicht erspart, seinerseits ebenfalls seine volle Macht für die Wahlrechtsreform aufbieten zu müssen.

Jedoch auf dem Grunde der aufgerollten Frage taucht eine andere, wichtigere auf. Und das ist die: darf die Sozialdemokratie in ihren Kämpfen überhaupt grundsätzliche Forderungen Zweckmäßigkeitsrücksichten zum Opfer bringen, muß ihre Taktik in erster Linie von ihren Prinzipien bestimmt werden, oder aber von der Rücksicht auf den nächstliegenden praktischen Erfolg? Unserer Ueberzeugung nach dürfen Theorie und Praxis, Prinzip und Taktik nicht gegensätzlich auseinanderklaffen. Sie sind zwei Erscheinungsformen einer Einheit und können daher nicht ohne Schaden auseinandergerissen werden. Unsere Kämpfe müssen von einer prinzipiellen Auffassung getragen werden, die nicht in einem toten orthodoxen Buchstabenglauben wurzelt, sondern in der klaren, wohlbegründeten Erkenntnis, daß für das Proletariat eine prinzipielle Politik und Taktik im letzten Grunde auch stets die praktisch zweckmäßigste ist.

Auch die Wahlrechtskämpfe des Proletariats muß die Sozialdemokratie daher auf Grund ihrer prinzipiellen Auffassung führen. Wie die Dinge sich entwickelt und zugespitzt haben, ist heute überall dort, wo ein organisiertes, zielbewußtes Proletariat auf dem politischen Plachfelde steht, jeder Wahlrechtskampf ein Kampf um die politische Macht zwischen dem Proletariat und den besitzenden Klassen. Die letzteren fassen ihn auch ganz folgerichtig als einen solchen auf, selbst dann, wenn er einer verhältnismäßig wenig einschneidenden Reformierung des Wahlrechts gilt. Daher die Erscheinung, daß sie sich mit der größten Energie, Zähigkeit und Böswilligkeit jeder Erweiterung, jeder Verbesserung des Wahlrechts widersetzen. Daher die andere, daß die Praxis die klugen Rechnungen darüber umzustoßen pflegt, daß durch Selbstbeschränkung des Kampfziels das Proletariat den Widerstand der herrschenden Klassen zu entwaffnen, die oder jene bürgerliche Partei zu sich herüberzuziehen vermöge. Ob die Sozialdemokratie viel oder wenig fordert: die besitzende Minderheit wird alles vorenthalten, was vorzuenthalten ihre Macht noch erlaubt. Vorwände und Worte dafür wird sie stets finden. Sie fürchtet die wachsende Macht des Proletariats und wertet auch den kleinsten Schritt nach vorwärts als einen Anfang des Endes ihrer eigenen Herrschaft. Aus ihrer Götterdämmerungsstimmung erklärt sich, daß sie die sozialistischen, die proletarischen Wahlrechtsforderungen nicht nach Maßgabe der geübten „realpolitischen" Bescheidenheit behandelt. Ueber ihr Verhalten ihnen gegenüber entscheidet das Maß ihrer Furcht vor der Reife und Macht des Proletariats.

In der Folge erhebt sich die Frage: ist der Verzicht auf einzelne unserer grundsätzlichen Wahlrechtsforderungen oder ist die Entrollung unseres gesamten Wahlrechtsprogramms das beste Mittel, unsere Macht, unsere andauernde Kraftentfaltung in den Wahlrechtskämpfen zu stärken? Die Antwort darauf fällt unseres Erachtens zugunsten der Verfechtung unseres vollen Wahlrechtsprogramms aus. Je breiter die Basis ist, auf der wir im Wahlrechtskampf stehen, um so fester stehen wir, um so wuchtiger können wir zum Schlage ausholen, um so größere Massen vermögen wir ins Gefecht zu werfen. Die Forderung des Frauenwahlrechts ist aber ganz besonders geeignet, die Basis unserer Kampfesstellung zu vergrößern. Sie zielt auf die Gleichberechtigung der Hälfte des Volkes ab, sie führt uns neue, ansehnliche und anschwellende Massen Entrechteter als Mitstreiter und Mitstreiterinnen zu. Aehnliches, wenn auch in geringerem Maße, gilt von jedem unserer einzelnen Wahlrechtspostulate. Was aber das Festhalten des Frauenstimmrechts in jedem Wahlrechtskampf anbelangt, so kommt noch ein anderer wichtiger Gesichtspunkt in Betracht. Indem die Sozialdemokratie den Ruf nach dem Frauenwahlrecht erhebt, trägt sie Verwirrung und Zwiespalt in die Reihen ihrer Feinde und schwächt dadurch deren Kampfessicherheit und Kampfeskraft. Die Forderung löst die sozialen Gegensätze aus, die in den bürgerlichen Klassen zwischen Mann und Frau vorhanden sind, sie erzeugt in den bürgerlichen Parteien Reibungen und Splitterungen zwischen den Anhängern und den Gegnern des Bürgerrechts der Frau, sie zwingt die, welche die volle Gleichberechtigung des weiblichen Geschlechts ernstlich erstreben, wenn auch getrennt marschierend, die Schlacht des Proletariats mitzuschlagen, sie mögen das wollen oder nicht. Die Forderung läßt aber auch die sozialen Gegensätze in Erscheinung treten, die innerhalb der Frauenwelt vorhanden sind. Wie die bürgerlichen Parteien und Arbeiterfreunde, so müssen auch die Frauenrechtlerinnen Farbe bekennen, ob sie für allgemeines Frauenwahlrecht oder für Damenwahlrecht sind. Und diese Klärung ist ein Gewinn, der nicht zu unterschätzen ist. Nichts ist gefährlicher in einem schweren Kampfe als laue und halbe Freunde, welche die Kühnheit und Entschlossenheit des Wollens lähmen und die Wucht und Schärfe der Schläge mildern. Am wertvollsten aber ist die Wirkung des Kampfes auf die proletarischen Massen. Er trägt Gährung, Bewegung unter sie, veranlaßt sie, sich mit alten Ideen auseinanderzusetzen, hält sie dadurch in Atem, wirbt unter ihnen neue Kämpfer und Kämpferinnen, sammelt und erzieht sie und steigert mit dem allen die Kampfesfreude und die Siegeszuversicht. Nicht vergeblich wird daher die Sozialdemokratie in ihrem Kampfe für das politische Recht der ausgebeuteten und unterdrückten Klassen auch die Forderung vollen Bürgerrechts für das weibliche Geschlecht vertreten. Welches auch immer sein Ausgang für den Augenblick sein mag, die Partei erhöht damit die Aktionsfähigkeit des Proletariats und bereitet künftige Siege vor. Denn das Frauenwahlrecht gehört zu jenem geistigen Dynamit, das Bresche in den Unverstand der Massen wie in die politische Herrschaftsstellung der besitzenden Klassen legt.

In allen Wahlrechtskämpfen muß daher die Forderung des Frauenwahlrechts als eine grundsätzliche Forderung der Sozialdemokratie nachdrücklich erhoben und vertreten werden. Das ist bei uns in Deutschland bis jetzt stets geschehen. Die deutsche Sozialdemokratie hat ihre Wahlrechtskämpfe geführt als Kämpfe für das gleiche Recht von Mann und Frau, und sie wird — davon sind wir überzeugt — auch in der Zukunft anscheinenden „Zweckmäßigkeitsrücksichten" ihre grundsätzliche Forderung nicht aufopfern.

Die deutschen Genossinnen lehnen deshalb für den Kampf um die volle politische Gleichstellung der Geschlechter jede Eigenbrödelei ab. Sie befürworten unter den gegebenen Umständen nicht eine besondere sozialdemokratische Frauenwahlrechtsaktion. Sie wissen, daß ihr Rechtsanspruch am meisten gewinnt, wenn er innerhalb des allgemeinen proletarischen Ringens für die Demokratisierung des Wahlrechts seiner Bedeutung entsprechend verfochten wird. Dadurch werden die breitesten proletarischen Massen für ihn in die Schlacht geführt. Innerhalb der allgemeinen Wahlrechtskämpfe aber fällt den Genossinnen eine doppelte Aufgabe zu. Ihnen vor allem kommt es zu, die Masse der Proletarierinnen für diese Kämpfe zu sammeln und zu schulen, dann aber auch andererseits dafür zu wirken, daß die Forderung des Frauenwahlrechts in ihnen mit Treue allgemein verfochten wird.

Keine Illusion darüber, daß die nächsten Kämpfe für die Demokratisierung des Wahlrechts in Deutschland wahrscheinlich noch keinen Sieg des allgemeinen Frauenwahlrechts bringen werden! Aber auch kein Vergessen der Tatsache, daß wir durch unermüdliche energische Arbeit die Vorbedingung dieses Sieges schaffen: die Revolutionierung Hunderttausender Köpfe! Die Revolutionierung der Köpfe nicht bloß zugunsten des Frauenwahlrechts, vielmehr zugunsten der gesamten sozialistischen Auffassung. Auch den Kampf um das Frauenwahlrecht betrachten wir im Lichte jenes Satzes aus dem „Kommunistischen Manifest": „Das eigentliche Resultat der proletarischen Kämpfe ist nicht der unmittelbare Erfolg, sondern die immer weiter um sich greifende Vereinigung der Arbeiter." Denn wir führen den Kampf um das Frauenwahlrecht nicht als einen Kampf zwischen den Geschlechtern, sondern als Klassenkampf zwischen Ausbeutern und Ausgebeuteten. Wir führen ihn nicht zusammen mit den bürgerlichen Frauen gegen die Herrschaftsstellung des Mannes ohne Unterschied der Klasse, sondern gemeinsam mit allen Ausgebeuteten und Entrechteten ohne Unterschied des Geschlechts gegen alle Ausbeutenden und Herrschenden ohne Unterschied des Geschlechts. Die Hauptbedeutung dieses unseres Kampfes besteht aber darin, daß er in den Massen die Erkenntnis von der geschichtlichen Macht und der geschichtlichen Mission des Proletariats heranreifen läßt, die kapitalistische Ordnung durch die sozialistische zu ersetzen. Wenn die Zeit erfüllt ist, wo die objektive geschichtliche Entwickelung zur Umwälzung der Gesellschaft ihr Werk getan, so kann dank dieser festgewurzelten Erkenntnis das Proletariat als sein eigener Befreier jeder Macht der kapitalistischen Ordnung zurufen:

„Es liegt an mir: — Ein Ruck von mir, ein Schlag von mir
zu dieser Frist,
Und siehe, das Gebäude stürzt, von welchem Du die Spitze bist."

Anhang I.

Resolution der vierten Konferenz sozialistischer Frauen zu Mannheim, das Frauenwahlrecht betreffend.

Die Forderung des Frauenwahlrechtes ist das Ergebnis der durch die kapitalistische Produktionsweise gezeitigten wirtschaftlichen und sozialen Umwälzungen, insbesondere aber der Revolutionierung der Arbeit, der Stellung und des Bewußtseins der Frau. Sie ist ihrem Wesen nach eine Konsequenz des bürgerlich-demokratischen Prinzips, welches die Beseitigung aller sozialen Unterschiede heischt, die nicht auf dem Besitz beruhen, und auf dem Gebiet des privaten wie des öffentlichen Lebens die volle juristische Gleichberechtigung aller Großjährigen als Recht der Persönlichkeit proklamiert. Das Frauenwahlrecht ist daher von Anfang an von einzelnen Denkern in Verbindung mit allen Kämpfen gefordert worden, in denen die Bourgeoisie für die Demokratisierung politischer Rechte eingetreten ist, als für eine Voraussetzung ihrer politischen Emanzipation und Herrschaft als Klasse. Die treibende und tragende Kraft als Massenforderung hat es jedoch erst durch die steigende Erwerbstätigkeit des weiblichen Geschlechtes erhalten, vor allem aber durch die Einbeziehung der Proletarierinnen in die moderne Industrie. Das Frauenwahlrecht ist das Korrelat der wirtschaftlichen Emanzipation der Frau vom Haushalt und ihrer ökonomischen Unabhängigkeit von der Familie auf Grund ihrer Berufsarbeit.

Prinzipiell bedeutet das aktive und passive Wahlrecht für das weibliche Geschlecht in seiner Gesamtheit die soziale Mündigkeitserklärung; praktisch bedeutet es ein Mittel, politische Macht zu erlangen, um die gesetzlichen und sozialen Schranken zu beseitigen, welche die Lebensentwickelung und Lebensbetätigung des Weibes hemmen. Aber die in der Frauenwelt ebenso wie in der Männerwelt wirksamen Klassengegensätze bedingen, daß der Wert und der Hauptzweck des Wahlrechtes für die Frauen der verschiedenen Klassen verschieden ist. Der Wert des Wahlrechtes als soziales Kampfmittel steht in umgekehrtem Verhältnis zu der Größe des Besitzes und der durch ihn verliehenen sozialen Macht. Sein Hauptzweck ist je nach der Klassenlage die volle rechtliche Gleichstellung der Geschlechter oder aber die soziale Emanzipation des Proletariats durch die Eroberung der politischen Macht zum Zwecke der Aufhebung der Klassenherrschaft und der Herbeiführung der sozialistischen Gesellschaft, die allein die volle menschliche Emanzipation des Weibes verbürgt.

Den Klassengegensätzen innerhalb des weiblichen Geschlechtes zufolge tritt die bürgerliche Frauenbewegung nicht einheitlich geschlossen und mit höchster Kraftentfaltung für das allgemeine Frauenwahlrecht ein. Die Proletarierinnen sind deshalb für die Eroberung ihres vollen Bürgerrechtes auf ihre eigene Kraft angewiesen und auf die ihrer Klasse. Die praktischen Bedürfnisse seines Emanzipationskampfes zusammen mit historischer Einsicht und Gerechtigkeitssinn erheben das Proletariat zum konsequentesten Vorkämpfer für die volle politische Gleichberechtigung des weiblichen Geschlechtes. Die Sozialdemokratie, die politische Kampfesorganisation des klassenbewußten Proletariats, tritt daher prinzipiell wie praktisch für das Frauenwahlrecht ein.

Die Frage des Frauenstimmrechtes gewinnt mit der Verschärfung des Klassenkampfes erhöhte Bedeutung. Auf seiten der herrschenden reaktionären Klassen wächst die Tendenz, durch die Einführung eines beschränkten Frauenwahlrechtes die politische Macht des Besitzes zu stärken. Auf seiten des Proletariats steigt die Notwendigkeit, die Köpfe zu revolutionieren und seine erwachsenen Glieder ohne Unterschied des Geschlechtes wohlgerüstet in die Kampfesfront zu stellen. Der Kampf für das allgemeine Frauenstimmrecht ist das zweckmäßigste Mittel, die Situation im Interesse des proletarischen Befreiungskampfes zu nutzen.

Diesen Gesichtspunkten entsprechend erklärt die vierte Konferenz sozialistischer Frauen zu Mannheim:

„Bei den Kämpfen, welche das Proletariat für die Eroberung des allgemeinen, gleichen, geheimen und direkten Wahlrechtes in Staat und Gemeinde führt, muß das Frauenwahlrecht gefordert, in der Agitation grundsätzlich festgehalten und mit allem Nachdruck vertreten werden.

Die Frauenkonferenz erklärt es des weiteren als Pflicht der Genossinnen, sich mit aller Energie an den politischen Wahlrechtskämpfen zu beteiligen und ihnen die Massen der Proletarierinnen als Mitstreiterinnen zuzuführen, aber andererseits auch mit der nämlichen Energie dafür zu wirken, daß in diesen Kämpfen die Forderung des Frauenwahlrechtes allgemein mit dem gebührenden Nachdruck vertreten wird."

Anhang II.

Ueberblick über die Entwickelung des Frauenstimmrechts in den verschiedenen Ländern.*)

I. Allgemeines und gleiches Wahlrecht.

Der Ausdruck „Allgemeines und gleiches Wahlrecht" wird in der mißbräuchlichsten Weise angewandt. Wenn wir in die Nachschlagebücher blicken, so finden wir dort berichtet, daß das allgemeine Wahlrecht unter anderem besteht bei den Wahlen zum Deutschen Reichstag, bei den Wahlen zum Landtag in Baden, in Bayern, in Oldenburg, in Sachsen-Meiningen, in Anhalt, in Württemberg, dann zur Wahl eines größeren Teiles der Abgeordneten in Schaumburg-Lippe, in Sachsen-Weimar; daß es im Ausland die Grundlage des Wahlsystems bildet in Frankreich, in der Schweiz und in Norwegen, dann mit gewissen Beschränkungen in Belgien, ferner in Spanien, Griechenland, der Argentinischen Republik, den übrigen amerikanischen Republiken, wobei zu bemerken ist, daß in den Vereinigten Staaten von Amerika und in Brasilien gewisse Ausnahmen, wie der des Ausschlusses der Analphabeten usw., vorliegen. In Oesterreich hat das Proletariat das allgemeine Wahlrecht erobert. Nahezu allgemeines Wahlrecht besitzen England, Dänemark, die Niederlande, Sachsen-Koburg-Gotha, die beiden Schwarzburg und die beiden Reuß.

Das Wahlrecht, wie es in all diesen Ländern besteht, enthält eine Reihe von Beschränkungen. So zum Beispiel einen Ausschluß der Personen, die nicht im vollen Besitz der bürgerlichen Ehrenrechte sind, gegen die das Konkursverfahren eröffnet ist, die wegen geistiger Mängel unter Vormundschaft stehen, die Armenunterstützung beziehen und dergleichen. Die Gesetzgebung einzelner Länder kennt auch noch den Ausschluß der Analphabeten (des Schreibens und Lesens Unkundiger), der Geistlichen, der Soldaten, der Neger usw. von dem Wahlrecht. Aber keine einzige dieser Gesetzgebungen hält es für notwendig, ausdrücklich zu erklären, daß mehr wie die Hälfte der erwachsenen Personen, auf die vorstehende Ausnahmen nicht zutreffen, vom Wahlrecht ausgeschlossen sind. Es ward einfach als selbstverständlich betrachtet, daß bloß das männliche Geschlecht bei der Behandlung öffentlicher Angelegenheiten mitsprechen, über den Inhalt der Gesetze, über die Art und Höhe der Steuern usw. zu beschließen habe, daß der weibliche Teil der Bevölkerung sich dem Beschlossenen einfach fügen müsse. Aus dieser allgemein herrschenden Anschauung ergab sich dann weiter, daß in manchen Ländern ein relativ freies Vereins- und Versammlungsrecht für die Männer besteht und ein aufs äußerste verkrüppeltes, wertloses für das weibliche Geschlecht. Es hieße eine Geschichte der sozialen Beziehungen der beiden Geschlechter schreiben, wollte man die Ursachen des Miß-

---

*) Quellen: Ostrogorski, „Die Frau im öffentlichen Rechte". Leipzig 1897. — Billey, Edmond, „Législature électorale comparée des principaux pays d'Europe". Paris 1900. — Pierstorff, Jul., „Frauenarbeit und Frauenfrage" im III. Bande der 2. Auflage des Handwörterbuchs der Staatswissenschaften. Jena 1900. — Meyer, Georg, „Das parlamentarische Wahlrecht". Berlin 1901. — „Handbuch der Frauenbewegnng", herausgegeben von Helene Lange und Gertrud Bäumer. Berlin 1901. — „Der internationale Frauenkongreß in Berlin 1904". Bericht mit ausgewählten Referaten. Berlin, Karl Habel. — Die „Gleichheit", Zeitschrift für die Interessen der Arbeiterinnen, Stuttgart, Jahrgang 1892 und ff.

verhältnisses zwischen dem Rechte des einen und der Rechtlosigkeit des anderen aufdecken. Dies kann aber nicht im Rahmen dieser Ausführungen geschehen, es muß genügen, darauf hinzuweisen, daß die politische Rechtlosigkeit der Frau eines der interessantesten Probleme der Menschheitsgeschichte ist. Wir wollen hier nur zeigen, wann das Frauenstimmrecht im Laufe der neueren Geschichte aufgetaucht ist, und welche Ausdehnung es in der Gegenwart erreicht hat. Bevor wir diese Darlegungen beginnen, sei jedoch auf eine merkwürdige Erscheinung hingewiesen, die im schärfsten Gegensatz steht zu der politischen Rechtlosigkeit der Frau. Es ist die Tatsache, daß in einer Reihe von Monarchien schon vor vielen Jahrhunderten, auch zur Zeit des starrsten Absolutismus, der Frau das Erbfolgerecht auf den Thron eingeräumt wurde, also auf die höchste, verantwortungsvollste Beamtung. Diese Tatsache steht im schärfsten Widerspruch zur politischen Rechtlosigkeit des weiblichen Geschlechts. In Spanien, Portugal, England und Holland ist das Recht der Frauen an der Thronfolge nur wenig beschränkt, außerdem besteht es in Oesterreich, Rußland und Griechenland beim Fehlen männlicher Erben im regierenden Hause. Welche Machtfülle in den Händen von Frauen gelegen hat, lehrt schon der Hinweis auf Namen, wie Maria und Elisabeth von England, die beiden so verschieden gearteten Töchter Heinrichs VIII.; auf Maria Theresia von Oesterreich, die vielleicht die hervorragendste Gestalt im Hause der Habsburger war, auf Katharina II. von Rußland, die bei allen ihren Fehlern eine der glänzendsten Gestalten in der Reihe der russischen Herrscher gewesen ist. Man kann ohne Uebertreibung sagen, daß unter den Frauen, die Kronen getragen haben, lange nicht so viel mittelmäßige und unbedeutende Gestalten vorhanden waren, als unter den männlichen Vertretern des Gottesgnadentums.

Frankreich.

Als die Neu-Englandstaaten sich vom Mutterland in zähen Kämpfen befreiten, als sich die neuen Vereinigten Staaten von Amerika eine Verfassung gaben, deren freiheitliche Grundsätze eine Insel im Ozean des Absolutismus bildeten, da war wenigstens einer der 13 Staaten so konsequent, auch das Frauenstimmrecht einzuführen. Der Staat New Jersey hatte im Jahre 1776 den Frauen das Stimmrecht verfassungsmäßig zuerkannt. Das Frauenwahlrecht bestand aber dort bloß bis zum Jahre 1807.

Der sehr bedeutende Einfluß, den die Vereinigten Staaten auf die Revolution der Geister ausgeübt haben, die der großen französischen Revolution vorangegangen ist, äußert sich auch in der Frage des Frauenstimmrechtes. Der berühmte französische Nationalökonom und Politiker Condorcet vertrat im Jahre 1787 in seinen „Briefen eines Bürgers von New Haven an einen Bürger von Virginien" das Frauenstimmrecht. Aber in der französischen Revolution spielte diese Frage eine sehr wenig beachtete Rolle. Wohl erschienen 1789 mehrere Flugblätter, welche die Zulassung der Frauen zu den Nationalständen forderten und gegen eine Nationalversammlung protestierten, von der die Hälfte der Nation ausgeschlossen wäre. Wohl wurde bei den Instruktionen, welche die Abgeordneten von den Wahlkörperschaften zu den Generalstaaten von 1789 erhielten, in ganz wenigen Fällen auch die Verleihung der politischen Rechte an die Frauen verlangt. Wohl erschien in jener Zeit eine Schrift der Olympe de Gouges, welche die Forderung der Frauen an die Nationalversammlung formulierte, die Ergänzung der Déclaration des droits de l'homme, der Grundrechte der französischen Bürger. Aber das leidenschaftliche Rechtsbegehren eines kleinen Häufleins Frauen verhallte im Lärme der inneren Kämpfe und der äußeren Kriege. Die konstituierende Versammlung beschränkte sich auf die schönen Worte, daß sie die Verfassung in den Schutz der Frauen und der Mütter stelle, und kümmerte sich nicht weiter um deren Rechtlosigkeit. Nur bei einer Gelegenheit zuerkannte der Konvent auch den Frauen das Stimmrecht. Bei den Versammlungen der Einwohner der Landgemeinden, welche laut Beschluß vom 10./11. Juni 1793 über Aufteilung, Verkauf, Verpachtung oder gemeinsame Benutzung der Gemeindeländereien beraten sollten, waren alle Einwohner ohne Unterschied des Geschlechtes stimmberechtigt, die Anteil an dem gemeinschaftlichen Besitz hatten und 21 Jahre zählten. Aber dieser eine Fall wiederholte sich nicht.

Erst die utopistischen Sozialisten, die Schulen Saint-Simons und Fouriers, lenkten mit Entschiedenheit die Aufmerksamkeit auf die Rechte der Frauen. Der aus sozialistischer Schule hervorgegangene Viktor Considérant beantragte im Jahre 1848 in der Verfassungskommission, daß die politischen Rechte der Frauen verfassungsmäßig festgelegt würden. Dieser Antrag blieb ebenso wirkungslos wie mehrere Petitionen von Frauen und wie später ein ähnlicher, den der Sozialist Pierre Leroux im Jahre 1851 einbrachte. Erst unter der dritten Republik tauchte die Frage des Frauenstimmrechtes wieder auf, abermals von dem Sozialismus in die öffentliche Diskussion geworfen und bald auch von Frauen vertreten. Im Jahre 1882 richtete eine Gruppe von Frauen an die französische Deputiertenkammer eine Petition um Zuerkennung des Stimmrechtes für das weibliche Geschlecht. Nachdem der Berichterstatter, der nachher als Kriegsminister zu sehr zweifelhafter Berühmtheit gekommene Cavaignac, erklärt hatte, daß diese Frage noch nicht spruchreif sei, ging die Kammer über die Eingabe zur Tagesordnung über. Auch eine Reihe weiterer Petitionen dieser Art blieben erfolglos. Hierauf wurde ein ähnliches Verfahren versucht, wie es von den Frauenrechtlerinnen in England angewandt worden ist, und wie es von ganz vereinzelten Frauenrechtlerinnen für die deutschen Gewerbegerichtswahlen empfohlen wurde. Einige Frauen verlangten in die Wählerlisten eingetragen zu werden, mit Berufung darauf, daß ihre Namen in den Steuerlisten stünden. Mehrmals wurde dieser Versuch zur Eroberung des Stimmrechtes wiederholt. Gegen die immer wiederkehrenden Ablehnungen wurden alle Instanzen angerufen, und zweimal erklärte der Kassationshof, der oberste Gerichtshof, daß die erhobene Forderung im Widerspruch zu den Gesetzen stünde.

So wurde die politische Gleichberechtigung des weiblichen Geschlechtes in Frankreich von den Sozialisten, von Frauenrechtlerinnen und ganz vereinzelt auch von bürgerlichen Politikern gefordert, ohne daß jedoch bisher ein bemerkenswerter Erfolg erzielt worden wäre. Einen kleinen Fortschritt brachte das Gesetz vom 27. Februar 1880. Durch dasselbe wird ein Wahlkörper geschaffen, dem Schulvorsteherinnen, Oberinspektorinnen, Inspektorinnen der Asyle angehören. Dieser Wahlkörper hat sich mit dem Volksschulwesen zu befassen. Ein weiteres Gesetz vom 23. Januar 1898 gewährt den Handel treibenden Frauen das Recht, an den Wahlen der Handelsgerichte teilzunehmen. Ferner nahm die Kammer im Jahre 1900 ein Gesetz an, welches die Gewerbegerichte reformiert und zusammen mit anderen Verbesserungen auch den Frauen das aktive und passive Wahlrecht zu dieser Körperschaft verleiht. Erst im März 1904 nahm der Senat den Entwurf an, nachdem er jedoch daraus das Recht der Frauen gestrichen hatte, als Gewerberichter gewählt zu werden. Wir konnten leider nicht feststellen, ob sich die Hoffnungen der französischen Frauenrechtlerinnen erfüllt haben, daß die Kammer die einschlägige Bestimmung wieder herstellen und der Senat ihr bei abermaliger Beratung seine Zustimmung geben würde. Auf Grund eines alten Gewohnheitsrechtes in manchen französischen Gemeinden — ländlichen und städtischen — sind alle steuerzahlenden Frauen stimmberechtigt bei einer Art Referendum, mittels dessen die Gemeindeverwaltungen wichtige Fragen zur Entscheidung bringen. Es fehlt nicht an Beispielen, daß die Frauen dieses Stimmrecht bis in die neueste Zeit hinaus ausgeübt haben, und zwar auch in großen Gemeinden, so in Bordeaux und Marseille. Im Jahre 1878 lag der französischen Kammer ein Antrag vor, dieses alte Gewohnheitsrecht in ein gesetzlich festgelegtes Recht zu verwandeln, gleichzeitig aber den Frauen das Stimmrecht bei dem Referendum abzuerkennen. Für das Recht der Frauen traten nur wenige Abgeordnete, vor allem aber die Sozialisten ein. Der Antrag erlangte nicht Gesetzeskraft, so daß also in Gemeinden die steuerzahlenden Frauen noch bei einem Referendum ihre Stimme abgeben können. In neuerer Zeit treten in den klerikalen Kreisen Strömungen zugunsten des Frauenstimmrechtes auf, die immer kräftiger werden und immer größere Kreise erfassen. Ihre treibende Kraft ist nicht die Einsicht in den geschichtlichen Entwickelungsprozeß und Gerechtigkeitsgefühl dem weiblichen Geschlecht gegenüber, sondern der Wunsch, die weiblichen Wähler als eine Schutztruppe des Klerikalismus, der Kirche gegen die fortschrittlichen Elemente auszuspielen. Der letzte Parteitag der geeinten französischen Sozialisten hat eine Resolution angenommen, die die Fraktion auffordert, das politische Frauenwahlrecht in der Kammer zu beantragen.

Großbritannien und Irland. Englische Kolonialländer.

Große Fortschritte, wenn auch noch keinen vollen Sieg, hat die Sache des Frauenstimmrechtes in England zu verzeichnen. Freilich besteht das politische Frauenwahlrecht erst zu dem kleinen Parlamentchen der Insel Man, das neben dem weltbeherrschenden Parlament von Westminster für England, Schottland und Irland seine Selbständigkeit bewahrt hat. 1881 erhielten hier die Frauen, die Eigentümer von Grundstücken sind, deren Jahresertrag sich auf mindestens 81 Mk. beläuft, das Stimmrecht für das Unterhaus, und seit dem Jahre 1892 besitzen auf jener Insel die weiblichen Steuerzahler in gleicher Weise das Wahlrecht wie die Männer.

Vor ungefähr 70 Jahren hat sich das englische Parlament mit dem Frauenstimmrecht zum erstenmal befaßt. Eine Frau aus der hohen Aristokratie, Mary Smith von Stanmore, hatte eine Petition für das Frauenwahlrecht eingereicht, die aber erfolglos blieb. Zwei der berühmtesten Politiker Englands im 19. Jahrhundert, Richard Cobden und John Stuart Mill, machten sich zu Wortführern der Bewegung für Erlangung des Frauenstimmrechtes. John Stuart Mill legte im Jahre 1866 dem Parlament eine Petition von 1500 Frauen vor, die das Stimmrecht forderten, und schon im folgenden Jahre konnte er eine Petition mit 12 000 Unterschriften überreichen. Am 20. Mai 1867 beantragte Mill bei Beratung der Wahlrechtsreform, daß das Wort

„man" (Mann) durch „person" (Person) ersetzt werde, das die Frauen einschließe. 76 Stimmen (nach anderen Angaben 83 oder 73) wurden für, 196 gegen Mills Amendement abgegeben. Große Minoritäten und auch Majoritäten des Parlaments haben sich seither für das politische Frauenwahlrecht ausgesprochen. Am 3. Februar 1897 beschloß die Mehrheit des englischen Unterhauses in zweiter Lesung die Einführung des Frauenstimmrechtes. Allein die Gegner der Neuerung brachten es mittels allerhand Manöver zuwege, daß der betreffende Entwurf vor Schluß der Session nicht noch zur dritten Lesung gelangte und damit vom Unterhaus nicht definitiv angenommen werden konnte. Im Jahre 1904 hat sich der gleiche Vorgang wiederholt. Wäre übrigens der Entwurf vom Unterhaus in dritter Lesung definitiv angenommen worden, so würde doch die Bill kaum die Zustimmung des Oberhauses gefunden haben. Kurze Zeit nach dem Erfolg, den das Frauenstimmrecht im Unterhaus 1897 errungen hatte, verhandelte das Oberhaus über einen Antrag des Lord Templetown, der ebenfalls das Frauenwahlrecht forderte. Bezeichnenderweise war der damalige Ministerpräsident Salisbury, der ein Anhänger des Frauenstimmrechtes ist, „verhindert, der Verhandlung beizuwohnen". An seiner Stelle erklärte der Herzog von Devonshire im Namen der Regierung, daß die zweite Lesung des Antrages Templetown nicht stattfinden könne, weil ein gleichlautender Antrag dem Unterhaus vorgelegen habe und seinerseits noch nicht endgültig erledigt worden sei. Das Oberhaus lehnte denn auch ab, in die zweite Lesung einzutreten. In den letzten Jahrzehnten ist fast keine Session im Parlament verlaufen, ohne daß Petitionen für das Frauenstimmrecht überreicht und Anträge für dasselbe verhandelt wurden. Erst im Frühjahr 1907 war das neuerlich der Fall. Das Manöver eines liberalen Parlamentsmitgliedes verhinderte auch diesmal wieder, daß der betreffende Antrag zur zweiten Lesung kam. Dem Parlament liegt jedoch zurzeit noch ein weiterer Antrag vor (eingebracht von Charles Dilke und Mitgliedern der Arbeiterpartei), der das Frauenstimmrecht nicht innerhalb der Grenzen fordert, die heute für das Männerwahlrecht gelten, sondern als **allgemeines** Wahlrecht für alle großjährigen Staatsangehörigen ohne Unterschied des Geschlechts. Die Macht der Frauenstimmrechtsbewegung ist so stark, daß sich keine Partei ihr entziehen kann. Sowohl bei den Konservativen wie bei den Liberalen besitzt das Frauenstimmrecht Anhänger und Agitatoren; die junge Arbeiterpartei nimmt sich seiner mit Energie an. Seit 1870 haben die englischen Frauenrechtlerinnen ein eigenes Frauenstimmrechtblatt (Womens' Suffrage Journal).

Auf die Dauer wird ein Widerstand gegen die Einführung des politischen Frauenwahlrechts im Oberhaus wie im Unterhaus nicht aufrecht zu erhalten sein, denn in England breitet sich das Frauenstimmrecht auf dem Gebiet der lokalen Selbstverwaltung immer mehr aus. In den Versammlungen der Kirchengemeinde haben die steuerzahlenden Frauen Zutritt und Stimme so gut wie die Männer. Ueber ihre Wählbarkeit zu den Aemtern der kirchlichen Parochie gibt das Gesetz keine Auskunft. 1739 hatte der Court of King's Bench, ein Appellationsgericht der früheren englischen Justizorganisation, einen Prozeß zu entscheiden, welcher der Frage galt, ob Frauen das Amt eines Küsters bekleiden und eine Stimme bei der Wahl eines solchen haben können. Diese Frage wurde bejaht. Allem Anschein nach wird gegenwärtig auch die Frau nicht mehr vom Amte eines Kirchenvorstehers ausgeschlossen, denn die Voraussetzung der Wählbarkeit ist nur eigener

Haushalt und Wohnsitz im Kirchspiel. In den weltlichen Kirchspielversammlungen (Vestries), die bis zum Jahre 1894 die untersten Einheiten der örtlichen Verwaltung, insbesondere die Träger der Armenpflege waren, besaßen die Frauen, sofern sie auf Grund eigenen Landbesitzes zu den Armenlasten steuerten, gleich den Männern und den Handelsgesellschaften das Stimmrecht. Ebenso waren sie stimmberechtigt in den „Unions", zu denen die Kirchspiele im Jahre 1834 behufs Wahl der Vertreter in den Armenräten zusammengefaßt wurden. Hier besaßen die Frauen auch das passive Wahlrecht. 1788 hatte der oben genannte Gerichtshof darüber zu befinden, ob Frauen als Armenpfleger gewählt werden und an den Wahlen der Armenverwaltung stimmberechtigt teilnehmen könnten. Auch diese Frage entschied er zugunsten der Frauen. Das Gesetz vom Jahre 1894 erweiterte den Kreis der wahlberechtigten und wählbaren Frauen in den Gemeinderäten, Bezirksräten und ähnlichen Körperschaften.

Zu den ländlichen Gemeinde- und den Bezirksräten sowie den Armenpflegschaften sind alle Besitzer und Mieter — die weiblichen inbegriffen — stimmberechtigt, welche in der Gemeinde oder im Bezirk wohnen. Den verheirateten Frauen, auf welche diese Bedingungen zutreffen, steht das Stimmrecht jedoch nur dann zu, wenn sie unabhängig vom Manne eigenen Besitz oder ein selbständiges Einkommen aus einem Geschäft oder einer Stellung haben. Das passive Wahlrecht zu den genannten Körperschaften besitzen alle volljährigen Einwohner ohne Unterschied des Geschlechtes, vorausgesetzt, daß sie seit einem Jahre in der Gemeinde oder dem Bezirk wohnen. Eine Beschränkung des Rechtes der Frauen besteht nur in der einen Beziehung, daß diese nicht Vorsitzende eines Bezirksrats sein können, weil diese Stellung mit dem Amte des Friedensrichters verbunden ist. 1904 saßen in den englischen Armenräten gegen 1000 Frauen. Zu den Schulräten besitzen die Frauen das aktive, seit 1870 auch das passive Wahlrecht unter den gleichen Bedingungen wie die Männer. Wählerinnen sind in der Folge alle steuerpflichtigen Frauen, als Schulräte können gewählt werden alle volljährigen Frauen, welche in der betreffenden Gemeinde wohnen. 1903 hat das reaktionäre englische Schulgesetz den Frauen jedoch das passive Wahlrecht zu den Schulverwaltungen der Grafschaft London entzogen. Die Entrüstung darüber ist der Agitation für das politische Frauenwahlrecht förderlich gewesen. Seit 1869 besitzen die unabhängigen und unverheirateten Frauen unter den gleichen Bedingungen wie die Männer, nämlich wenn sie im eigenen Namen ein zur Armensteuer eingeschätztes Haus innehaben, das Stimmrecht zu den Stadträten. Das passive Wahlrecht zu diesen Körperschaften wie zu den Grafschaftsräten wurde jedoch dem weiblichen Geschlecht damals noch nicht zuerkannt. Mitte Juni dieses Jahres hat e n d l i ch das Oberhaus in zweiter Lesung einen Gesetzentwurf angenommen, der den Frauen das Recht verleiht, zu Mitgliedern der Stadt- und Grafschaftsräte gewählt zu werden. Das Recht, als Vorsitzende eines Grafschaftsrats oder als Vorstand eines Stadtrats zu amtieren, hat das Oberhaus den Frauen noch vorenthalten. Stimmberechtigt zu den Grafschaftsräten sind schon seit 1888 alle weiblichen Besitzer und Mieter (Armensteuerzahler), mit Ausnahme der verheirateten Frauen.

Die Einführung des aktiven Frauenstimmrechtes für die Stadträte geschah in formell sehr einfacher Weise, nämlich durch die Bestimmung des Gesetzes vom Jahre 1882 über die revidierte Städteordnung, welche besagt: „Bei allen Bestimmungen dieses Gesetzes, die sich beziehen oder die betreffen das Stimmrecht für die Gemeinden und Körperschaften, haben die Bezeichnungen dieses Gesetzes, soweit sie das männliche Geschlecht betreffen, ebenso Geltung für die Frauen." Ein Gesetz von 1894 erweiterte und sicherte die Rechte der verheirateten Frauen in den ländlichen Gemeinde- und Bezirksräten und den Armenpflegschaften. Es bestimmte, daß niemand durch Geschlecht und Heirat davon ausgeschlossen sei, Mitglied eines Kirchengemeinderats zu sein, zum Waisenpfleger ernannt zu werden, auf der Wahlliste einer Lokalverwaltung zu stehen oder Wähler für irgendeine lokale Behörde zu sein.

Die städtische Verwaltung Londons ist durch ein Gesetz vom Jahre 1899 neu geregelt worden. Die weltlichen Kirchspiele (Vestries) wurden zu größeren Bezirken zusammengefaßt, deren Kompetenzen beträchtlich erweitert sind. Die Frauen, welche eine eigene Wohnung haben, wie klein diese auch sei, besitzen das aktive Wahlrecht zu diesen Körperschaften. Um ihre Wählbarkeit zu Räten und Aeltesten (Aldermen) entbrannte im Unter- und Oberhaus ein heißer Kampf, in dem das Frauenrecht schließlich unterlegen ist.

In Schottland erhielten die Frauen im allgemeinen unter den gleichen Bedingungen wie in England (was die vom Ehemann getrennt lebenden Frauen anbelangt jedoch unter günstigeren Bedingungen als dort), im Jahre 1881 das Wahlrecht zu den Stadträten, im Jahre 1889 zu den Grafschaftsräten. Ihre Gleichberechtigung, die Schulräte betreffend, war ihnen schon 1872 zuerkannt worden. Sie besitzen wie in England Zutritt und Stimme zu den Versammlungen der Kirchengemeinde.

In Irland eignet den Frauen, die selbständige Steuerzahler sind, das aktive Wahlrecht zu den Gemeindekörperschaften seit 1887, und seit 1896 auch aktives und passives Wahlrecht in der Armenpflege. Das Gesetz von 1898, das am 15. Januar 1899 in Wirksamkeit trat, hat die lokale Verwaltung Irlands derjenigen Englands in den wesentlichen Zügen angeglichen. Die Frauen besitzen nun auf Grund dieses Gesetzes das aktive Wahlrecht zu den eigentlichen Stadträten, das aktive und passive Wahlrecht zu drei anderen Typen städtischer Verwaltung. Zu den weltlichen Kirchspielräten und den ländlichen Sanitätsdistrikträten, die mit den „Unions" der Armenpflegschaften übereinstimmen, eignet ihnen das aktive und passive Wahlrecht, zu den Grafschaftsräten sind sie bloß stimmberechtigt, nicht wählbar. Zu bemerken ist, daß es in Irland weder Schulräte noch Kirchengemeinderäte gibt. Die neue Verwaltungsvorlage der Regierung für Irland sieht eine nationale R a t s k a m m e r mit dem Sitz in Dublin vor, die auf Grund des geltenden G e m e i n d e w a h l r e c h t s zusammengesetzt werden soll. In ihr würden also auch die Frauen unter den festgesetzten Bestimmungen das aktive Wahlrecht besitzen.

Den Bestimmungen der englischen Gesetzgebung, das Frauenwahlrecht betreffend, haftet ein schwerer Mangel an. Die Frauen können nur dann als Wählerinnen in die Wählerlisten eingetragen werden, wenn sie auf ihren Namen, sei es als Eigentum oder in Miete, ein Haus bewohnen, das zu den Armenlasten zugezogen wird. Es ergibt sich daraus die praktische Folge, daß das Frauenstimmrecht zu den Körperschaften der Lokalverwaltung kein allgemeines ist, das auch von der Masse der Proletarierinnen ausgeübt werden kann. Und was die weiblichen Steuerzahler anbetrifft, so beschränkt sich die Stimmberechtigung in zwei wichtigen Körperschaften, den Stadt- und den Grafschaftsräten, auf die unverheirateten und verwitweten Frauen. Bemerkenswert ist, daß das passive Wahlrecht zu den Gemeinde-, Bezirks-, Armen- und Schulräten für weitere Kreise der Bevölkerung — Frauen wie Männer — gilt, als das aktive Stimmrecht.

Bedeutend weiter als die Gesetzgebung des Mutterlandes geht die vieler englischer Kolonien. In dem britischen Kolonialreich von Nordamerika haben die meisten einzelnen Provinzen das Frauenstimmrecht auf kommunalem Gebiet im allgemeinen unter den gleichen Bedingungen eingeführt wie es in England besteht. In Ontario wurden 1884 die Frauen zu allen Gemeindewahlen und Volksabstimmungen in der Gemeinde stimmberechtigt gemacht; sie erhielten auch das Recht, als Schulpfleger gewählt zu werden. Das aktive Stimmrecht zu der Wahl von Schulpflegern besaßen sie bereits seit 1850. In Neu-Schottland besitzen das Stimmrecht auch die verheirateten Frauen, deren Männer nicht stimmberechtigt sind. In Britisch-Columbia und Manitoba sind die volljährigen verheirateten Frauen wahlberechtigt, im Nordwestgebiet die unverheirateten Frauen und Witwen. Kein Frauenstimmrecht besteht in der Provinz Quebec, in Nord-Braunschweig und auf den Sankt Eduards-Inseln. In den afrikanischen Kolonien Englands ist das Frauenstimmrecht auf kommunalem Gebiet ebenfalls eingeführt worden.

Am weitesten mit der Einführung des Frauenstimmrechtes ist man im australischen Kolonialreich gegangen. In den festländischen Kolonien ist das Stimmrecht in der Gemeinde in der gleichen Weise geregelt, wie im Kirchspiel des Mutterlandes. Unter den nämlichen Bedingungen besitzen in Neu-Seeland die Frauen das Gemeindewahlrecht. Tasmanien stellte 1884 bei den Wahlen in den Landgemeinden die Frauen mit den Männern gleich. Das politische Wahlrecht besitzen die Frauen in Neu-Seeland seit 1893, in Süd-Australien seit 1895, in West-Australien seit 1900, in Neu-Südwales seit 1902, in Tasmanien seit 1903, in Queensland seit 1905. Viktoria dürfte bald folgen; bereits achtmal hat das Unterhaus sich für die Einführung des Frauenstimmrechtes erklärt, der Widerstand des Oberhauses machte jedoch sein Votum zunichte. Es fällt schwer zugunsten der Reform in die Wagschale, daß der Bund der Kolonialstaaten 1902 das Frauenstimmrecht zu dem Bundesparlament eingeführt hat. Daß mit der Zuerkennung des Wahlrechtes an die Frauen auch das Recht der Wählbarkeit verbunden sein sollte, wird noch von manchen Seiten bestritten. Jedenfalls sind aber bereits Frauen als Kandidatinnen für das Bundesparlament aufgestellt worden.

Vereinigte Staaten von Nordamerika.

Das dem englischen Weltreich in Bevölkerungszusammensetzung, wirtschaftlicher Bedeutung und Rechtsentwickelung am meisten verwandte Land, die Vereinigten Staaten von Nordamerika, hat eine starke Bewegung für das Frauenstimmrecht aufzuweisen. Wir haben schon darauf hingewiesen, daß der Staat New-Jersey im Jahre 1776 das Frauenstimmrecht eingeführt hatte. Das Gesetz von 1797, welches das Wahlverfahren regelte, bestätigte es. 1807 wurde es aber durch die Bestimmung eines neuen Gesetzes aufgehoben, die besagt, daß nur „frei geborene weiße Bürger männlichen Geschlechtes" wählen dürfen. Damit war für lange Zeit die Frage des Frauenwahlrechtes von der Tagesordnung abgesetzt. Aber mit der Antisklavereibewegung entfaltete sich von neuem auch das Streben nach der Anerkennung der politischen

Gleichberechtigung der Frauen. Mit apostolischem Feuereifer kämpfte eine kleine Schar mutiger Frauen für das volle Bürgerrecht ihres Geschlechts. Eine rege und andauernde Agitation durch das gesprochene und das geschriebene Wort suchte Fuß für Fuß Boden für die politische Gleichberechtigung des weiblichen Geschlechts zu erobern. Aber der Ungeduld mancher begeisterten Anhängerinnen des Frauenstimmrechtes dünkte dieser Weg zu lang. Sie brachten noch andere Mittel in Anwendung, von denen sie rasch die politische Mündigkeitserklärung der Frauen erhofften. Vor dem Sezessionskrieg und nach 1865 versuchten in mehreren Staaten Frauen durch die Steuerverweigerung ihr Recht als Staatsbürgerinnen zu ertrotzen. Besonderes Aufsehen erregte seinerzeit das Verhalten einer Frauenrechtlerin, Abby Smith, die sich wegen Steuerverweigerung nacheinander ihre Kühe abpfänden ließ. Natürlich blieb diese Art „Propaganda der Tat" ohne jeden praktischen Erfolg. Die Frauenrechtlerinnen beschritten nun einen anderen, aber gleich aussichtslosen Weg. Sie versuchten, das Wahlrecht durch Auslegung der Bundesverfassung der Vereinigten Staaten zu erlangen. Gestützt auf Amendement XIV derselben erklärten sie, daß verfassungsgemäß die gesetzlichen Bestimmungen zu Unrecht beständen, welche in den Einzelstaaten die Frauen vom Wahlrecht ausschließen. Dieses Amendement verbietet nämlich dem Staate, Gesetze zu geben, welche die Privilegien und Freiheiten der Bürger der Vereinigten Staaten beschränken. Da die Frau Bürger sei und das Wahlrecht zu den Privilegien der Bürger gehöre, müsse sie wahlberechtigt sein. In zwei Einzelstaaten kam der Rechtsstreit vor Gericht und wurde beide Mal gegen die Frauen entschieden: in Washington für den Kolumbiadistrikt 1871, in New York 1872. Der letztere Fall verdient besondere Erwähnung, weil hier und da den Frauen immer wieder empfohlen wird, durch Auslegung der Gesetzestexte das Wahlrecht zu erringen. 14 Frauenrechtlerinnen hatten bei den Wahlen von 1872 in New York ihre Stimmen abgegeben, und die „Wahlinspektoren" hatten sie angenommen. Dafür wurden die Frauen wie die Wahlbeamten auf Veranlassung der Staatsregierung ins Gefängnis gesetzt. Das Gerichtsverfahren wurde jedoch nur gegen die Inspektoren und eine einzige der Frauenrechtlerinnen eröffnet, gegen Susan Anthony, die rastlose, im vorigen Jahre verstorbene Vorkämpferin für die volle Emanzipation des weiblichen Geschlechts. Als Seele der betreffenden Aktion wurde sie zu einer Geldstrafe verurteilt, in der gleichen Weise mußten die Wahlinspektoren büßen. 1874 befaßte sich der Oberste Gerichtshof der Vereinigten Staaten, die höchste Instanz in Sachen des Verfassungsrechtes, mit der von den Frauenrechtlerinnen aufgerollten Frage. Er erklärte, daß das Wort „Bürger" nur die Zugehörigkeit zur Nation und nichts weiter zum Ausdruck bringe, und daß das Wahlrecht nicht zu den Bürgerfreiheiten und Privilegien im Sinne des Amendements XIV gehöre. Die einzelstaatlichen Gesetzesbestimmungen, welche das Wahlrecht auf die männlichen Bürger beschränken, bedeuteten daher keine Verletzung der Bundesverfassung und beständen zu Recht. Dieser Urteilsspruch entschied die Frage für die ganze Union, er legte das geltende politische Recht endgültig fest. Der Ausgang der mehrjährigen Kampagne beleuchtet klar, daß soziale, gesetzlich verankerte Ungleichheiten sich nicht durch juristische Deutelei von Gesetzestexten aus der Welt schaffen lassen.

Der Kampf um das Frauenwahlrecht mußte sich nun darauf konzentrieren, Aenderung der Gesetze selbst herbeizuführen. Die darauf abzielenden Bestrebungen haben in den Territorien — das sind Teile der Union, die noch nicht als Staat anerkannt, sondern in der Herausbildung zu solchen begriffen sind — und neuen Staaten verhältnismäßig rasch Siege errungen, während in den älteren Staaten die konservativen Mächte sich erfolgreich dem Frauenstimmrecht widersetzten und höchstens auf dem Gebiet der Schulverwaltung sich zu Konzessionen herbeiließen. Die volle politische Emanzipation der Frauen ist bisher nur in vier Staaten durchgeführt, wo die Frauen das aktive und passive Wahlrecht zu den gesetzgebenden Körperschaften besitzen: in Wyoming, Utah, Colorado und Idaho. Wyoming hatte als Territorium bereits 1869 allen großjährigen Frauen volle politische Rechte zuerkannt. Es zählte damals ganze 5000 Einwohner, und die Reform wurde unter Umständen beschlossen, die einen starken Stich ins Possenhafte hatten. Aber das Frauenwahlrecht selbst hat sich bewährt; ein Versuch, es abzuschaffen, scheiterte, und als das Territorium 1890 zum Staat erhoben wurde, erhob der Kongreß der Union keinen Einwand gegen das Frauenwahlrecht und anerkannte damit, daß seine Ausübung nicht im Widerspruch zu der allgemeinen Verfassung stehe. Eine merkwürdige Geschichte weist das Frauenwahlrecht in Utah auf, dem bekannten Mormonenreich. 1870 wurde das politische Frauenwahlrecht in dem damaligen Territorium von den „Heiligen" (Mormonen) eingeführt, die mit Hülfe der Stimmen der polygamen Frauen den Einfluß der einwandernden „Heiden" niederhalten wollten. Daher kam es, daß das Frauenwahlrecht im Kampfe, den die Bundesregierung gegen das Mormonentum führte, hart umstritten wurde. Kraft seiner Oberhoheit über das Territorium aberkannte der Kongreß 1882 zuerst allen in Viel- oder Zweiehe lebenden Männern und Frauen das Wahlrecht wie die Wählbarkeit, 1887 entzog er allen Frauen ohne Ausnahme die politischen Rechte. Als jedoch das Territorium in einen Staat verwandelt werden sollte, wurde die politische Gleichberechtigung der Geschlechter in die Verfassung aufgenommen, die 1895 durch Volksabstimmung ihre Bestätigung erhielt. Die Bundesregierung hat Utah als Staat aufgenommen, ohne Einspruch gegen die betreffende Bestimmung zu erheben. 1895 wurde das politische Frauenstimmrecht in Colorado, 1896 in Idaho eingeführt. Das Territorium Washington verlieh den Frauen 1883 volle politische Rechte und erhielt sie trotz Widerstandes durch die Gesetze von 1886 und 1888 aufrecht; als es jedoch 1889 zum Staat aufrückte, gab es sie wieder preis, indem es darauf verzichtete, sie in seiner Verfassung festzulegen. Seither ist die Einführung des Frauenstimmrechtes von den Gesetzgebern wieder beschlossen, aber 1898 durch Volksabstimmung verworfen worden. In einer Reihe Staaten haben die Parlamente die Einführung des Frauenrechtes beschlossen, die Volksabstimmung hat jedoch die Beschlüsse annulliert. So in Kansas, Süd-Dakota, Oregon, Nebraska, Indiania und Oklahoma; in Kansas, Oklahoma und Süd-Dakota hat sich der Vorgang bereits zweimal, in Oregon gar dreimal wiederholt, und zwar sind die Majoritäten gegen die politische Emanzipation des weiblichen Geschlechtes immer kleiner geworden.

Aeußerst buntscheckig ist, was die Frauen an Recht auf kommunalem Gebiet erreicht haben; alles in allem sind diese ihre Errungenschaften aber nicht sehr bedeutend. Selbstverständlich besitzen die Frauen volles kommunales Bürgerrecht in den vier Staaten, in denen ihnen das politische Wahlrecht eignet. Davon abgesehen, ist ihnen aber nur in einem einzigen Staate, in Kansas, das aktive und passive Gemeindewahlrecht zuerkannt worden, das auch das aktive und passive Wahlrecht zu den Schulverwaltungen und das Referendumrecht in Steuerbewilligungsfragen in sich begreift. Das aktive Gemeindewahlrecht besitzen die Frauen in Michigan seit 1893, doch ist es kein allgemeines, da es an einen Bildungsnachweis geknüpft ist. Die Staaten Louisiana, Montana, Jowa und New York haben ihnen das Abstimmungsrecht in kommunalen Steuerbewilligungsfragen erteilt. Mehr Einfluß als auf die allgemeinen Gemeindeangelegenheiten haben die Frauen auf dem Gebiet der Schulverwaltung erlangt. Das aktive und passive Wahlrecht zu den Schulverwaltungen steht ihnen zu in Connecticut, Delaware, Illinois, Massachusetts, Minnesota, Montana, Nebraska, New-Hampshire, New-Jersey, New York, Nord- und Süd-Dakota, Ohio, Oregon, Vermont, Wisconsin, Washington und dem Territorium Arizona. Das aktive Schulwahlrecht allein besitzen sie in Kentucky und dem Territorium Oklahoma, in dem erstgenannten Staate ist es jedoch nur gewissen Klassen von Frauen und unter gewissen Bedingungen eingeräumt. In Kalifornien, Jowa, Louisiana, Maine, Pennsylvanien und Rhode-Island ist den Frauen das passive Schulwahlrecht gewährt worden, aber nur zu gewissen Aemtern in der Schulverwaltung.

Mit welcher Energie die amerikanischen Frauenrechtlerinnen den Kampf für das Frauenwahlrecht weiterführen, ist bekannt. Ihr praktisches Wirken für die Forderung verdient Anerkennung, ihre theoretische Begründung derselben fordert dagegen die Kritik heraus; sie beruft sich im allgemeinen noch immer auf das alte ehrwürdige „Naturrecht" und beweist damit, wie wenig sich die amerikanischen Frauenrechtlerinnen die Fortschritte der sozialen Wissenschaften zu eigen gemacht haben. In vieler Beziehung ist die amerikanische Frauenbewegung ein Vorbild für die Organisationen und Bestrebungen der deutschen Frauenrechtlerinnen geworden. So weist Professor Pierstorff darauf hin, daß die Gründung des National Council of Women das Vorbild für den Bund deutscher Frauenvereine gebildet hat.

Skandinavien.

In den skandinavischen Staaten haben die Frauen ihre langjährigen Bemühungen für Eroberung politischer Gleichberechtigung von einigen Erfolgen gekrönt gesehen. In Dänemark wurde die Bewegung beflügelt durch die Erfolge der isländischen Frauen, die 1882 ein Zensuswahlrecht zu den kommunalen Wahlen errangen, 1886 das Recht, bei der Wahl der Geistlichen mitzuwirken. Von dem Zensus abgesehen, ist das Wahlrecht nicht einmal für die begünstigten steuerzahlenden Frauen allgemein, denn es wurde nur zuerkannt „Witwen und anderen nicht verheirateten Frauen, die einen eigenen Haushalt führen oder sonst eine unabhängige Stellung einnehmen".

Die dänischen Frauenrechtlerinnen forderten in Petitionen von den gesetzgebenden Körperschaften wenigstens das Gemeindewahlrecht. Bis heute vergeblich. Seit den achtziger Jahren hat das „Folksthing" (die Zweite Kammer) zwar sieben- bis achtmal entsprechenden Anträgen zugestimmt, das Landsthing (die Erste Kammer) ist aber den Beschlüssen bis 1900 nicht beigetreten. In dem genannten Jahre gab sie zum erstenmal ihre Zustimmung dazu, daß die selbständigen und unverheirateten Frauen das Kommunalwahlrecht erhalten sollten. Da aber der Entwurf auch andere wichtige Reformen des Gemeindewahlrechts vorsah — die Abschaffung des Wahlzensus in den Städten und die zweierlei Wahlklassen auf dem Lande —, so scheiterte die ganze Vorlage an dem

Klassenegoismus der Höchstbesteuerten, die im Landsthing die Majorität haben. 1904 beschloß das Folksthing abermals, den Frauen das aktive und passive Gemeindewahlrecht zu verleihen, und zwar nicht bloß den unverheirateten, wie es der vorliegende Entwurf gefordert, sondern auch den verheirateten und den weiblichen Dienstboten. Daß die letztere fortschrittliche Bestimmung zur Annahme gelangte, darf wohl vor allem als Frucht der kräftigen Kopenhagener Dienstbotenbewegung angesprochen werden. Da die Reform zugunsten des weiblichen Geschlechts zum Vorteil der Besitzenden reaktionär verklausuliert war — der Zensus und die zwei Wählerklassen wurden nicht angefochten —, so setzte ihr das Landsthing keinen Widerstand entgegen und verwies sie an eine Kommission. Die Reform kam abermals zum Scheitern. In der laufenden Session hat sich das Folksthing neuerlich mit dem gleichen Entwurf zu beschäftigen. Die Agitation für die politische Gleichberechtigung des weiblichen Geschlechtes wird besonders von dem Frauenstimmrechtsverband geführt, der durch den Zusammenschluß von 22 Organisationen ins Leben gerufen wurde.

In Schweden besitzen die unverheirateten Frauen seit 1862 das aktive Gemeindewahlrecht unter den gleichen Bedingungen wie die Männer, das heißt wenn sie volljährig sind, ein Einkommen von mindestens 562½ Mk. versteuern und ihre Steuern bezahlt haben. Sie können persönlich oder durch Bevollmächtigte abstimmen. Das kommunale Wahlrecht berechtigt in den Städten zur Wahl der Stadtverordneten; auf dem Lande verleiht es Sitz und Stimme zu den Gemeinde- und den Kirchspielversammlungen, welch letztere auch über Fragen der Volksschule entscheiden und in manchen Gemeinden den Pfarrer wählen. Das Recht, zu kommunalen Aemtern gewählt zu werden, blieb den Frauen zunächst ganz versagt, 1889 gewährte jedoch ein Gesetz ihre Wählbarkeit zu den Armen- und Schulräten. Im gleichen Jahre schon wurde eine Frau in den Schulrat von Stockholm gewählt. Ostrogorski verzeichnet, daß die Frauen nur in den Schulrat der Hauptstädte gewählt werden können; nach dem Bericht einer Delegierten zum Internationalen Frauenkongreß von 1904 gehören dagegen auch den Schulräten anderer Städte, ja sogar denen von Landgemeinden Frauen an.

Ein indirektes politisches Wahlrecht eignet den besitzenden schwedischen Frauen zu der Ersten Kammer. Das politische Frauenwahlrecht, und zwar das aktive und passive, wurde im schwedischen Reichstag 1884 zum erstenmal von dem Abgeordneten Berg gefordert. 1902 wurde die Forderung durch den bürgerlichen Radikalen Lindhagen erneuert und mit 111 gegen 64 Stimmen abgelehnt. Die Regierung hat sich bis jetzt direkt gegen die Einführung des politischen Frauenwahlrechts erklärt. Die Agitation für das Frauenstimmrecht wird bürgerlicherseits hauptsächlich von zwei Organisationen geführt: von dem gemäßigten Fredrika-Bremer-Bund und dem radikalen Frauenstimmrechtsverein.

1889 erlangten die Frauen in Norwegen einen Anteil in der Schulverwaltung. Sie können in Städten vom Gemeinderat in die Schulräte entsandt werden. Frauen, welche Kinder haben, dürfen bei der Wahl von Schulinspektoren mitbestimmen. Auf dem Lande sind alle, die Schulsteuer zahlen, ohne Unterschied des Geschlechts zur Teilnahme an den Versammlungen der Schulgemeinden berechtigt. Bei der Entscheidung über Schulfragen, die keine Kosten bedingen, wirken sämtliche Eltern mit, auch diejenigen, welche keine Schulsteuern bezahlen. Frauen können das Amt eines Schulinspektors bekleiden. Auch auf andere kommunale Angelegenheiten wurde den Frauen nach und nach Einfluß gewährt. 1889 wurden sie in die „Vormundschaft" (Aufsichtsrat über verwahrloste Kinder), seit dem 1. Januar 1901 in die Armenverwaltung wählbar. Seit 1894 haben sie nach vollendetem 25. Jahre das Recht, ihre Stimme abzugeben bei den Entscheidungen auf Erweiterung und Fortführung des Branntweinverschleißes, auch bei einzelnen Fragen in den Kirchengemeindeversammlungen haben sie das Stimmrecht.

1890 und 1892 beschäftigte sich das Parlament mit der Frage des Frauenstimmrechtes, 1892 war die einfache, aber nicht die für Verfassungsänderungen erforderliche Zweidrittelmehrheit für die Ausdehnung des kommunalen und Parlamentsstimmrechtes auf das weibliche Geschlecht. Der 25. Mai 1901 brachte der Sache des beschränkten Frauenstimmrechtes einen Sieg. Allerdings waren nicht bloß fortschrittliche Kräfte seine Träger, sondern der Wunsch der Reaktionäre, durch ein beschränktes Frauenwahlrecht dem allgemeinen Männerwahlrecht zu den Gemeindeverwaltungen die Spitze abzubrechen. Die Einführung des letzteren ließ sich nicht mehr aufschieben. Als „Gegengift" wurde daher ein kommunales Zensuswahlrecht für die Frauen festgelegt. Das aktive und passive Gemeindewahlrecht erhielten alle norwegischen Frauen, die das 25. Lebensjahr erreicht haben, norwegische Staatsbürgerinnen und 5 Jahre im Lande ansässig sind und entweder selbst für das letzte Steuerjahr Staats- oder Gemeindesteuer für ein jährliches Mindesteinkommen von 337½ Mk. auf dem Lande, von 450 Mk. in der Stadt entrichtet haben oder aber in Gütergemeinschaft mit einem Manne leben, der die festgelegten Einkommensätze versteuert hat. 200000 Frauen erhielten das Wahlrecht, davon allein 30000 in Kristiania. Etwa die Hälfte der großjährigen Frauen ist durch den Zensus des Gemeindewahlrechts beraubt. Bei der ersten Wahl, die unter Beteiligung der Frauen stattfand, wurden in die Stadtverordnetenversammlung in Kristiania sechs Frauen gewählt, und eine von ihnen ist als Suppleant in den Vorstand derselben abgeordnet worden.

Vor kurzem hat das Storthing die Einführung des beschränkten politischen Frauenwahlrechts beschlossen. Die sozialistische Arbeiterpartei hatte einen tapferen Kampf für das **allgemeine** Frauenwahlrecht geführt. Für ihren entsprechenden Antrag fielen jedoch nur 48 von 121 Stimmen. Darauf wurde mit großer Majorität der Antrag auf Einführung des beschränkten Frauenwahlrechts angenommen, für den auch die sozialdemokratischen Abgeordneten stimmten. Für die politische Wahlberechtigung der Frauen gelten die gleichen Bestimmungen, wie für das kommunale Wahlrecht. Die Reform wird zirka 300000 von 550000 Frauen Bürgerrecht verleihen. Gegen ¼ Million großjährige Proletarierinnen bleiben politisch rechtlos.

Finnland.

Was die volle politische Gleichberechtigung der Geschlechter und die Demokratisierung der gesetzgebenden Körperschaften überhaupt anbelangt, so hat sich Finnland 1906 durch seine neue Verfassung an die Spitze aller europäischen Staaten gestellt. Es hat die gesetzgebende Gewalt in die Hand einer einzigen Kammer gelegt, die mittels des allgemeinen, gleichen, direkten und geheimen Stimmrechtes gewählt wird. Die Beschränkungen, denen das Wahlrecht noch unterliegt, sind gering. Den großjährigen Frauen wurde das aktive und passive Parlamentswahlrecht unter den gleichen Bedingungen zuerkannt, die für die Männer gelten.

Weniger demokratisch ist die Gemeindeverwaltung geregelt. Finnland, das jahrhundertelang zu Schweden gehörte, hat seine Gesetzgebung über die Gemeindeverwaltung zum Teil den entsprechenden schwedischen Bestimmungen nachgebildet. Das Recht der Anteilnahme an der Gemeindeverwaltung ist an die Steuerpflicht geknüpft. In den Gemeinden der Landbezirke wird die Gemeindeverwaltung durch die allgemeine Versammlung aller Steuerpflichtigen geführt und durch besondere Exekutivkomitees, die von dieser gewählt werden. Die Landgemeindeordnung von 1865 erkennt den steuerzahlenden Frauen, sofern sie unverheiratet, verwitwet oder geschieden sind, Sitz und Stimme in den Gemeindeversammlungen zu, sie können jedoch nicht in das Exekutivkomitee gewählt werden. Seit 1873 gelten die gleichen Bestimmungen für die Städte mit weniger als 2000 Einwohnern, deren Verwaltung wie diejenige der Landgemeinden geregelt ist. In größeren Städten, wo die Verwaltung in den Händen eines Gemeinderats ruht, besitzen die oben angeführten Kategorien der steuerzahlenden Frauen das aktive, aber nicht das passive Wahlrecht zu der Gemeindevertretung, sie dürfen es jedoch hier und da nicht persönlich ausüben, sondern müssen es durch Männer ausüben lassen. Seit 1889 können die steuerzahlenden Frauen in den Armenrat der städtischen und ländlichen Gemeinden gewählt werden, wo eine besondere Armenpflegschaft besteht. Nach dem Gesetz sind die Ehefrauen, die unter der Vormundschaft des Gatten stehen, wie von anderen kommunalen Verwaltungsämtern, so auch von dem Rechte der Wählbarkeit in die Armenräte ausgeschlossen, trotzdem sollen jedoch in denselben viele verheiratete Frauen amtieren. Auch als Armenhausvorsteherin können Frauen gewählt werden, sie sind ferner wählbar in die Schulräte und Schuldirektionen.

Rußland.

In Rußland besitzen die Frauen auf kommunalem Gebiet ebenfalls gewisse Rechte, die zusammen mit anderen Verhältnissen noch auf den längeren Fortbestand des Mutterrechtes und des kommunistischen Großhaushaltes hindeuten. Im Mir, der bäuerlichen Gemeinde, die wegen des Gemeineigentums an Grund und Boden eine höhere Bedeutung hat als die Kommune in Westeuropa, wird die Verwaltung durch die Gemeindeversammlung geführt. In dieser haben nach altem Gewohnheitsrecht alle Interessenten Stimme, die Frauen nicht ausgenommen. Das russische Reichsgesetzbuch hat das Gewohnheitsrecht durch die Bestimmung anerkannt, daß die zur Dorfgemeinde gehörigen bürgerlichen Hausväter und alle in Gemeindeämter gewählte Bauern sich im Falle der Abwesenheit durch ein Mitglied ihrer Familie ohne Unterschied des Geschlechtes vertreten lassen können. Das Recht wird sehr oft von Witwen und Ehefrauen ausgeübt, besonders in den armen Provinzen, wo die Männer als Handwerker, Industrie- und Landarbeiter fern von der Heimat dem Verdienst nachgehen. Hier kann man gelegentlich Dörfer antreffen, wo die Gemeindeversammlung aus mehr Frauen als Männern besteht, und wo Frauen Gemeindeämter ausüben. Es muß jedoch betont werden, daß das Recht zur Anteilnahme an der örtlichen Verwaltung im letzten Grunde weniger der Person eignet als dem Haushalt, der Familie, in deren Vertretung die Person, ohne Unterschied des Geschlechtes, das Recht ausübt.

Die nicht bäuerlichen Schichten der Bevölkerung nehmen an der örtlichen Verwaltung durch die Kreisversammlungen teil. Diese bestehen aus Vertretern aller Klassen, die bald mittels direkter Stimmabgabe, bald durch Wahlmänner gewählt werden, und zwar teils von den Eigentümern steuerpflichtiger Grundstücke, die nach ihrer sozialen Stellung in Wahlkollegien eingeteilt sind, teils von den bäuerlichen Landgemeinden. Jeder Kreis hat seine eigene Versammlung. Die Abgeordneten der Kreisversammlungen bilden die Provinzialversammlung. Verheiratete und unverheiratete Frauen können durch Stellvertreter an der Tätigkeit der Wahlkollegien teilnehmen, welche die Mitglieder der Kreisversammlungen wählen, beziehungsweise die Wahlmänner, welche diese wählen. Bis 1890 konnten Frauen mit ihrer Stellvertretung jeden zur Teilnahme am Wahlkollegium berechtigten Mann beauftragen; seither ist es jedoch gesetzliche Vorschrift, daß sie einen Mann aus ihrer engeren Verwandtschaft abordnen. Auch die verheirateten Frauen ernennen ihren Stellvertreter selbst, der Gatte ist nicht eo ipso ihr Beauftragter. Das Wahlrecht zu der allgemeinen Standesversammlung des Adels, welche den Adelsmarschall wählt, der Vorsitzender der Kreisversammlung ist, ruht auf dem Grundbesitz. Adelige Eigentümerinnen von Grundstücken, an denen das Wahlrecht haftet, nehmen durch Stellvertreter an der Standesversammlung teil. Die Verwaltung der städtischen Gemeinden wird durch einen Gemeinderat geführt, den die Steuerzahler der verschiedenen Klassen mittels eines im höchsten Maße beschränkten Stimmrechtes wählen. Den Frauen eignet seit 1870 das Wahlrecht zu den Gemeinderäten, vorausgesetzt, daß sie die überhaupt vorgeschriebenen Wahlrechtsbestimmungen erfüllen: das 25. Lebensjahr überschritten haben, Besitzerinnen eines steuerpflichtigen Grundstückes, Hauses, Handels- oder Gewerbebetriebs sind. Sie üben das Wahlrecht durch selbstgewählte Bevollmächtigte unter den gleichen Bedingungen aus, die für ihr Wahlrecht zu den Kreisversammlungen gelten.

Oesterreich-Ungarn.

Ein verkümmertes Frauenstimmrecht besteht auch in Oesterreich-Ungarn. In der Hauptsache ist es an den Grundbesitz gebunden und kein Personenrecht, vielmehr ein Eigentumsrecht. Von praktischer Bedeutung ist es noch nicht gewesen. Als 1849 in Nachwirkung des „tollen" Jahres für die österreichischen Kronländer die Gemeindeautonomie geschaffen wurde, erhielten das aktive Wahlrecht zu den Gemeindevertretungen, in Klassen geschieden, alle, die von Grundbesitz oder gewerblichen Unternehmungen Steuer zahlen, sowie auch verschiedene Arten von „Fähigkeitswählern", das heißt Leute, die einen bestimmten Bildungsgrad nachweisen können. Diese Gemeindeverfassung gilt für alle Landgemeinden und für viele, aber nicht für alle Städte, so zum Beispiel nicht für Wien, das sein eigenes Gemeindestatut hat. Dort, wo das Gesetz von 1849 die Gemeindevertretung regelt, besitzen auch die über 24 Jahre alten Frauen auf Grund ihrer Steuerleistung das aktive Wahlrecht zu dieser Körperschaft, doch dürfen sie es nicht persönlich ausüben; Ehefrauen müssen vielmehr durch ihre Ehemänner, unverheiratete „eigenberechtigte" Frauen durch einen Bevollmächtigten und „nicht eigenberechtigte Personen" durch ihre gesetzlichen Vertreter wählen lassen. Die letztere Bestimmung, nach der auch minderjährige Mädchen durch Stellvertreter an der Gemeindewahl teilnehmen können, zeigt sinnenfällig, daß das Gemeindewahlrecht nicht der Person, sondern vor allem dem Besitz bestimmt ist. Die Gemeindeordnungen von Oberösterreich und

Böhmen übergehen die Rechtstellung der verheirateten Frauen mit Stillschweigen, in Mähren dagegen können diese ihr Stimmrecht durch Bevollmächtigte ihrer eigenen Wahl ausüben. Die Wählbarkeit zu den Gemeindevertretungen ist in allen österreichischen Kronländern ausdrücklich den Männern vorbehalten. Im transleithanischen Teil der habsburgischen Monarchie nehmen nur in Kroatien-Slavonien die Frauen ihrer Steuerleistung entsprechend durch Stellvertreter an der städtischen Gemeinderatswahl teil; in den Städten der ehemaligen Militärgrenze besitzen sie jedoch dieses Recht nicht.

Die gesetzgebende Gewalt ist in Oesterreich geteilt zwischen dem Reichsparlament, dem Reichsrat und den Landtagen, welche durch die „Februarverfassung" von 1861 für jedes Kronland geschaffen wurden. Das Landtagswahlrecht wurde auf dem Gemeindewahlrecht gegründet. Es legt vier Wahlkurien fest: Großgrundbesitz, Landgemeinden, Kammern für Handel und Industrie, Städte. In der letzteren Klasse läßt es außer den Zensuswählern auch „Fähigkeitswähler" zu. Die Bestimmungen über das politische Recht der Frauen sind nicht in allen Kronländern gleich und klar. Soviel ist aber sicher, daß in der Klasse des Großgrundbesitzes den Frauen überall das Wahlrecht eignet, das sie jedoch — von Niederösterreich abgesehen — nicht persönlich ausüben können, sondern durch Stellvertreter ausüben müssen. Nur in dem genannten Kronland bestimmt das Landesgesetz von 1896, daß die Großgrundbesitzer ohne Unterschied des Geschlechtes persönlich abstimmen müssen. In Mähren ist das Frauenstimmrecht nicht auf die Kurie der Großgrundbesitzerinnen beschränkt, es gilt auch bei der Steuerleistung gemäß für die Wählerklassen der Städte und Landgemeinden. Es tritt jedoch auch hier lediglich als ein Recht des Besitzes auf. Das Reichsgericht, der oberste Gerichtshof in Streitfällen staatsamtlicher Natur, hat 1884 entschieden, daß die Lehrerinnen nicht wie die Lehrer als „Fähigkeitswähler" an den Landtags- und Gemeinderatswahlen teilnehmen können. Die Landtagswahlordnungen für Salzburg, Schlesien, Tirol und Vorarlberg enthalten mehr oder minder klare ähnliche Bestimmungen über das Stimmrecht der Frauen in den drei Kurien: Großgrundbesitz, Städte und Landgemeinden. In Kärnten und Krain ist das Wahlrecht ausdrücklich auf die Großgrundbesitzerinnen beschränkt; die Wahlordnungen von Böhmen und Galizien schweigen darüber, ob die Frauen auch in den beiden anderen Kurien das Stimmrecht besitzen. Die bezüglichen Gesetze für Steiermark, Oberösterreich, Dalmatien, Görz mit Gradiska und Istrien und die Bukowina äußern sich über das Stimmrecht der Frauen überhaupt nicht. Trotzdem ist das Wahlrecht der Großgrundbesitzerinnen hier nie bestritten worden, weil es ihnen ausdrücklich durch das Wahlgesetz des Reiches zuerkannt worden ist. Wohl aber wurde das Wahlrecht der Frauen in den zwei Kurien der Städte und Landgemeinden angezweifelt, obgleich zu diesen beiden Landtagswähler alle sind, welche das Gemeindewahlrecht besitzen, und dieses den steuerzahlenden Frauen in allen Land- und vielen Stadtgemeinden zusteht. Die strittige Frage ist für den Landtag von Niederösterreich dank der christlich-sozialen Mehrheit zuungunsten der Frauen entschieden worden. Das von ihr beschlossene Gesetz von 1889 bestimmt, daß nur männliche Personen Landtagswähler sein können; das Privilegium der Großgrundbesitzerinnen tasteten die Christlichen nicht an, ihnen ist das Wahlrecht erhalten geblieben.

Der Reichsrat wurde bis 1896 von den Landtagswählern gewählt. Die Wahlreform, die in diesem Jahre unter dem Drucke der sozialistischen

Arbeiterbewegung zustande kam, ließ das alte Klassenwahlrecht weiterbestehen, schuf aber eine neue fünfte Wählerklasse, für welche das allgemeine, gleiche und direkte Stimmrecht eingeführt wurde. Den Frauen blieb das Stimmrecht in der neuen Wählerklasse ausdrücklich versagt, denn das Gesetz von 1896 anerkannte nur männliche Wahlberechtigte. Da es an den Wahlrechtsbestimmungen in den alten Wählerklassen nichts änderte, so bestand in ihnen das Frauenwahlrecht zu dem Reichsrat entsprechend dem Landtagswahlrecht der einzelnen Kronländer fort. Der neuerliche Ansturm des Proletariats hat endlich 1906 eine bei weitem gründlichere Wahlreform als 1896 ertrotzt. Das Klassenwahlrecht ist gefallen, die Abgeordneten zum Reichsrat werden nun auf Grund des allgemeinen, gleichen, direkten Wahlrechtes gewählt, das sich jedoch leider auf das männliche Geschlecht beschränkt. Die sozialdemokratische Fraktion, welche das allgemeine Wahlrecht im Mai dieses Jahres in den Reichsrat entsendet hat, beantragte sofort die Einführung des **allgemeinen Frauenwahlrechts**. Zu den Gewerbegerichten besitzen in Oesterreich die Frauen das aktive Wahlrecht. Die österreichischen Genossinnen haben sich eifrig und erfolgreich bemüht, die Arbeiterinnen zur Anteilnahme an den Gewerbegerichtswahlen heranzuziehen.

Schweiz.

In der Schweiz sind in einzelnen Kantonen die Frauen zum Gemeindewahlrecht zugelassen, in anderen wieder davon ausgeschlossen. Letzteres ist zum Beispiel in den Kantonen Waadt und Genf der Fall. Der Kanton Bern hat dagegen durch die Gemeindeordnung von 1852 den selbständigen Frauen, welche Gemeindesteuern zahlten, das Wahlrecht zuerkannt, das sie durch Stellvertreter ausüben mußten. Die Frauen nützten jedoch das Recht lange nicht aus. Erst 1885 nahmen sie, von den sich bekämpfenden politischen Parteien zur Unterstützung aufgerufen, an den Gemeinderatswahlen teil. Natürlich mußte ihr Eingreifen in den Wahlkampf auf eine Parteinahme für die verschiedenen politischen Gruppen hinauslaufen. Daraus destillierte man einen „inneren Widerspruch" heraus sowohl zu den „wirtschaftlichen Aufgaben" der Gemeinde, wie zu der Rechtlosigkeit des weiblichen Geschlechts auf politischem Gebiete. Das Wahlrecht wurde in der Folge den Frauen genommen, nachdem sie es ein erstes Mal gebraucht hatten. Die „Freie Kirche" im Kanton Waadt hat 1898 den Frauen das Stimmrecht in kirchlichen Angelegenheiten verliehen. In manchen Kantonen nehmen die Frauen an der Wahl von Waisenpflegern, Schulvorständen und dergleichen teil, im Kanton Zürich sind sie in den Kommissionen der städtischen Schul- und Armenpflege zugelassen.

Italien.

In Italien wird wie in Belgien, Luxemburg, Rumänien und Preußen das Einkommen der Ehefrau beziehentlich ihre Steuerleistung zugunsten des Mannes in Anrechnung gebracht, so daß dieser dadurch oft das Stimmrecht erhält, das er dank des Zensus auf Grund seines eigenen Einkommens und seiner Steuerleistung allein nicht erhalten würde. In Italien können außerdem Witwen und geschiedene Frauen verlangen, daß ihre Steuerleistung einem männlichen Anverwandten gutgeschrieben und dieser auf diese Weise wahlberechtigt wird. Im Gegensatz zu den deutschen Arbeiterinnen haben in Italien die Arbeiterinnen das aktive und passive Wahlrecht zu den Gewerbegerichten. Die Frauen sind wählbar zu Mitgliedern des Vorstandes und der Verwaltung von Krankenhäusern, Waisenhäusern, Fürsorge-Erziehungsanstalten und Schulkommissionen.

Im Anfang des laufenden Jahres verhandelte die italienische Kammer über die erste Petition aus Frauenkreisen, welche die Zuerkennung des Wahlrechts an die Frauen zu den gesetzgebenden und verwaltenden Körperschaften forderte. Der Antrag wurde einer parlamentarischen Kommission zum Studium überwiesen. Hervorgehoben muß werden, daß besonders das beschränkte Frauenwahlrecht warme Fürsprecher fand.

Holland.

In Holland wurde anläßlich der Bewegung zur Einführung des allgemeinen Wahlrechts (1890) eine Agitation für das Frauenstimmrecht begonnen, die bisher aber keine Erfolge gezeitigt hat. Da in dem alten Wahlgesetz die Frauen nicht ausdrücklich vom Wahlrecht ausgeschlossen waren, hatte die Frauenrechtlerin Aletta Jakobs schon in den achtziger Jahren ihre Eintragung in die Wählerliste gefordert. Ihr Begehren wurde jedoch von allen Instanzen abgelehnt, obgleich die Dame alle Bedingungen erfüllte, an die das Wahlrecht für Männer geknüpft war. Im abgeänderten Grundgesetz ist durch Einfügung des Wortes „männlich" kein Zweifel darüber gelassen, daß die Frauen nicht wahlberechtigt sein sollen.

Deutschland.

Fragen wir nach diesem Ueberblick über die Verhältnisse des Auslandes, was auf dem Wege zur politischen Gleichberechtigung der Geschlechter erreicht ist in einem wirtschaftlich so fortgeschrittenen Lande wie im Deutschen Reiche, wo die berufliche Tätigkeit der Frauen außerordentlich entwickelt ist. Die Antwort auf diese Frage ist das Eingeständnis, daß wir vielfach vom Ausland weit überflügelt wurden. Zu den eigentlich parlamentarischen Körperschaften mangelt den deutschen Frauen das aktive und passive Wahlrecht vollständig. Zu den Gemeinderatswahlen haben die Frauen in einzelnen Ländern beziehungsweise Landesteilen das Stimmrecht. Aber dieses Gemeindewahlrecht des weiblichen Geschlechts ist auf die Grundbesitzerinnen beschränkt, es ist somit wie das Wahlrecht der österreichischen Frauen weit mehr ein Privilegium des Besitzes, als eine Anerkennung der Gleichberechtigung der Frau. Die weiblichen Wahlberechtigten dürfen daher auch im allgemeinen nicht persönlich abstimmen, sondern müssen ihr Stimmrecht durch den Ehemann oder einen anderen Stellvertreter ausüben lassen. Nur in Braunschweig schreibt unseres Wissens die Landgemeindeverordnung vor, daß das Stimmrecht in Person ausgeübt werden muß, unverheiratete Frauen können jedoch ausnahmsweise durch Vertreter stimmen. In den östlichen Provinzen von Preußen, in Westfalen, Schleswig-Holstein, ebenso im Königreich Sachsen und in Braunschweig eignet den Frauen unter den hervorgehobenen Bedingungen das Wahlrecht, jedoch nur in den Landgemeinden, nicht in den Städten. In der Rheinprovinz ist das Gemeindewahlrecht ausdrücklich nur dem männlichen Geschlecht zuerkannt. Im rechtsrheinischen Bayern, in Sachsen-Weimar und Lübeck haben die Grundbesitzerinnen das kommunale Wahlrecht in allen Gemeinden. In den preußischen Landesteilen, wo das beschränkte kommunale Frauenwahlrecht besteht, nehmen die wahlberechtigten Frauen auch direkt oder indirekt teil an den Wahlen zu den Vertretungen der

Landkreise, den Kreistagen. Im Wahlverband der größeren Grundbesitzer, der Vertreter von Bergwerks- und Gewerbebetrieben wählen die Frauen die Kreistagsabgeordneten direkt, in den Landgemeinden aber indirekt, da dort die Gemeindeversammlungen oder Gemeinderäte nicht diese Vertreter selbst wählen, vielmehr nur Wahlmänner. Es versteht sich, daß die Frauen auch in diesem Falle das Stimmrecht durch Stellvertreter ausüben müssen. Da die Kreistage Abgeordnete für die Provinziallandtage wählen, so kann die kleine Zahl wahlberechtigter Frauen indirekt einen äußerst bescheidenen Einfluß auf die Verwaltung der Provinz ausüben.

Von der Wählbarkeit zu den Gemeindevertretungen sind die Frauen überall ausgeschlossen. In den letzten Jahren werden dagegen die Frauen in immer größerer Zahl und mit bestem Erfolg zur Armen- und Waisenpflege herangezogen, in manchen Städten auch zu Schulkommissionen. Die Krankenversicherung ist das einzige öffentliche Gebiet, auf dem die Frauen das aktive und passive Wahlrecht besitzen; das Wahlrecht zu den Gewerbe- und Kaufmannsgerichten ist ihnen versagt geblieben.

In Deutschland ist die Sozialdemokratie noch heute die einzige Partei, die geschlossen für die volle politische Gleichberechtigung des weiblichen Geschlechts eintritt. Wohl wird diese Forderung noch von einzelnen bürgerlichen Politikern verfochten, jedoch steht keine einzige bürgerliche Partei in ihrer Gesamtheit und konsequent hinter ihr.

A. Br. und C. Z.

Anhang III.
Eine sozialistische Enquete über die sofortige Einführung des politischen Frauenwahlrechts.

Bei der letzten französischen Parlamentswahl 1906 hatten die Parteien der unverhüllten Reaktion schlecht abgeschnitten. Die Niederlage ließ sie nach Mitteln ausschauen, ihrer Wiederholung in der Zukunft möglichst vorzubeugen. Not bricht leichter als Eisen auch Grundsätze, die nicht aus der Gegenwart Lebenskraft saugen, sondern nur noch geistige Ueberlebsel, Gespenster versunkener oder versinkender sozialer Zustände sind. Unter den Konservativen, besonders aber unter den ausgesprochen Klerikalen, wurden trotz aller bisherigen grundsätzlichen Gegnerschaft gegen die volle soziale Emanzipation des weiblichen Geschlechts Stimmen laut, welche die sofortige Einführung des Frauenwahlrechts befürworteten. Das Warum der plötzlichen Erleuchtung war klar. Die Reaktion hoffte, die politische Emanzipation des weiblichen Geschlechts als brauchbare Magd in ihren Dienst nehmen zu können. Sie wünschte, die Rückständigkeit großer Kreise der weiblichen Bevölkerung politisch auszubeuten, dank der Stimmen unaufgeklärter Frauen ihre Herrschaft zu stärken. Die wachsende Sympathie der Klerikalen für das Frauenstimmrecht übte auf die Republikaner der bürgerlichen Linken bis zu den radikalsten hinauf die Wirkung eines Steines aus, der in einen Froschteich geworfen wird. Es erhob sich ein heftiges Gequake, das Gequake des Spießbürgers, welcher der geschichtlichen Entwickelung und den Erscheinungen, welche sie an die Oberfläche des politischen Lebens treibt, verständnislos und ratlos gegenübersteht. Die bürgerliche Demokratie erwies ihre totale Unfähigkeit, die Situation zu begreifen, zu beherrschen und den Interessen des sozialen Fortschritts dienstbar zu machen. Statt die gewaltige fortschrittliche Kraft zu erkennen und zu werten, welche durch die politische Emanzipation des weiblichen Geschlechts gelöst und für die Klassenkämpfe nutzbar wird, sah sie zitternd nur die nächstliegenden reaktionären Folgen, welche die Einführung des Frauenwahlrechts vorübergehend vielleicht haben könnte. Sie verzichtete daher darauf, die reaktionären Frauenrechtsfreunde ernstlich beim Wort zu nehmen und Auge in Auge der Forderung gegenüberzustellen, mit der sie kokettiert hatten, indem sie selbst als Vorkämpferin für diese aufgetreten wäre. Umgekehrt: die bürgerlichen Republikaner zogen in der öffentlichen Diskussion der Frage alle Register philisterhafter Gründe gegen die Einführung des Frauenwahlrechts und ließen vor allem brausend die allbekannte Melodie ertönen, daß die politische Emanzipation des weiblichen Geschlechts eine Gefahr für den Fortschritt, für den Bestand der Republik sei.

Wie sollten die französischen Sozialisten sich verhalten, wenn die Streitfrage in Gestalt eines Antrags für das Frauenwahlrecht im Parlament aufgerollt würde und damit aus dem Reiche der Theorie in das der Praxis niederstiege? Mußten sie ihre grundsätzliche Forderung gleichen politischen Rechts für beide Geschlechter dann aufrechthalten und im Hinblick auf den sicheren dauernden Zukunftsnutzen für den proletarischen Klassenkampf eventuell mit den Reaktionären zusammen eine Neuerung schaffen, die zunächst auch diesen zum Vorteil gereichte, ihre Macht auf Kosten der bürgerlichen Republikaner, vielleicht sogar auch zum Schaden der sozialistischen Partei vorübergehend stärkte? Oder aber: mußten sie sich in Würdigung der möglichen Augenblicksfolgen den Zweckmäßigkeitsrücksichten des Tages gehorchend mit dem Gros der bürgerlichen liberalen und radikalen Parteien zusammen gegen ihre eigene grundsätzliche Forderung wenden? Die Situation, welche diese Fragen aufwarf, veranlaßte die Pariser „Revue Socialiste" darüber die Meinung von bekannten Sozialisten in verschiedenen Ländern einzuholen. In folgendem ihre Antworten:

Eduard Vaillant, Mitglied der französischen Kammer:

Ich zweifle stark daran, daß die Konservativen und ihre Bundesbrüder der republikanischen Mäßigung den Antrag stellen, das Recht der Frau auf den Stimmzettel in das Wahlgesetz aufzunehmen. Ich halte sie für zu schlau dazu. In der Tat, sie könnten dadurch nur unter der Bedingung gewinnen, daß sie dieses Recht unter dem einen oder anderen Vorwand beschränkten, so daß das weibliche Proletariat in seiner Gesamtheit oder teilweise davon ausgeschlossen bliebe. Wir könnten auf keinen Fall diese gefährliche Beschränkung annehmen. Aber wie auch immer die Form des Antrags sein möge: wir werden die Gelegenheit ergreifen, um auch in dieser Beziehung die sozialistische Auffassung zu verwirklichen, welche ebensowenig die Unterordnung eines Geschlechts als die einer Klasse duldet und für Frau wie Mann gleiches und volles Recht fordert.

Die Bedingung vorausgesetzt, daß das allgemeine Wahlrecht für beide Geschlechter ohne willkürliche Beschränkung eingeführt und derart festgelegt wird, daß es wirklich direkt und geheim ist, glaube ich nicht, daß die sofortige Zulassung der Frauen zum Stimmrecht eine Gefahr für die Republik und die öffentlichen Freiheiten in sich schließt. Ich bin überzeugt, daß die Gewährung dieses Rechts nicht nur der Frau die baldige Befreiung von den Gesetzen und sozialen Gepflogenheiten bringen würde, welche sie wirtschaftlich und im bürgerlichen Leben in Unterbürtigkeit vom Manne halten, sondern auch dem ganzen Proletariat ein rasches Wachstum an Kraft, an moralischer und sozialer Freiheit. Die Einführung des Frauenwahlrechts wäre ein Schritt vorwärts auf dem Wege der Demokratie und der Menschheitsentwickelung.

Jean Allemane, Mitglied der französischen Kammer:

Sie wollen meine Meinung über das Frauenwahlrecht wissen? Ich bedenke mich nicht lange, sie zu sagen. Ich bin ein ebenso entschiedener Anhänger des Frauenwahlrechts geblieben, wie ich es vor 40 Jahren war. Die Einführung des Frauenstimmrechts ist unstreitig die Voraussetzung dafür, daß das Wahlrecht seinen Namen als allgemeines verdient; die Voraussetzung auch dafür, daß es in Uebereinstimmung mit den Ansprüchen der Gerechtigkeit und Vernunft gebracht wird, denn es ist ebenso ungerecht, als lächerlich, der Frau das zu versagen, was man dem Manne gewährt, nur — weil sie Frau ist. Daraus erwachsen sehr erklärliche Irrungen und Wirrungen.

Weil unsere bürgerlichen Republikaner sich weigern, den nötigen Akt der Gerechtigkeit zu vollziehen, ist es da verwunderlich, daß die Reaktionäre die Situation auszunutzen versuchen? Zugestanden, daß das ihrerseits ein schlauer Streich ist!

Die ersteren erheben ein lautes Geschrei und erklären, daß es um die Republik geschehen wäre, wenn das Frauenwahlrecht eingeführt würde. Als ob die Reaktionäre gewartet hätten, bis die Frauen stimmen können, um zu ihrem Vorteil die Frauen zu verwenden, welche durch ihre Interessen, ihre Lage, ihre Vorurteile, getrieben werden, die fortschrittlichen Ideen zu bekämpfen! Man braucht nur etwas in einer Wahlkampagne mitgearbeitet zu haben, um zu wissen, wie in dieser Beziehung die Dinge liegen.

Wenn die Frauen das Wahlrecht erhalten, so ist es möglich, daß einige katholische und protestantische Geistlichen mehr den Abbé Gayraud und Lemire zugesellt werden, **die jetzt von männlichen Wählern in die Kammer geschickt werden.** Allein wenn man sich die Abgeordneten genau ansieht, die gewisse Wahlkreise in die Kammer entsenden, so fragt man sich, von welcher Bedeutung könnte das sein? Wäre es wirklich ein großes Unglück, wenn an Stelle eines Gailhard-Bancel, für welchen die Männer der Ardèche gestimmt haben, die Frauen, welche wie die Männer stimmen könnten, irgend einen Geistlichen in die Kammer schickten?

Man wird gegen das Frauenwahlrecht einwenden, daß die politische Erziehung der Frauen noch ganz rückständig ist. Jedoch kann auch dieser Grund nicht die Verletzung eines Rechts rechtfertigen, das meines Dafürhaltens unveräußerlich ist. Das um so weniger, als es leider noch viel zu viel Männer gibt, welche nicht zu unterscheiden vermögen, auf welcher Seite im politischen Leben Loyalität und Ueberzeugung zu finden ist, und die nichtsdestoweniger das Wahlrecht ausüben, und als andere Männer vorhanden sind, die sich zu politischen Geschäften niedrigster und schuftigster Art hergeben.

Die Wirklichkeit legt uns Männern sehr nahe, recht, recht bescheiden zu sein.

Meiner Vergangenheit wie dem sozialistischen Programm getreu, bin ich entschlossen, mein bestes zu tun, damit sobald als möglich die politische Gleichheit zwischen den Geschlechtern herbeigeführt wird.

Ich werde also fortfahren, für das Frauenwahlrecht einzutreten. Ich bin überzeugt, daß ich dadurch zum Siege der Vernunft, des Rechts und der sozialen Gerechtigkeit beitragen werde.

Gestatten Sie mir zum Schluß noch, mein Bedauern darüber auszudrücken, daß es die französischen Republikaner den Reaktionären überlassen, das Frauenwahlrecht zu verteidigen, während in anderen Ländern die bürgerlichen Liberalen wie die Sozialisten sich anschicken, es zusammen mit einer großen Zahl Vorkämpfer für die volle Emanzipation des weiblichen Geschlechts ihren konservativen Gegnern abzuzwingen.

Es ist entschieden unerfreulich, konstatieren zu müssen, daß die nämlichen Bürger, die so stolz darauf sind, dem Lande anzugehören, welches die Menschenrechte proklamiert hat, sich so wenig geneigt erweisen, die Frauenrechte anzuerkennen.

Emile Vandervelde, Mitglied der belgischen Kammer:

Welche Haltung sollte die sozialistische Partei einnehmen, die das Frauenwahlrecht in ihrem Programm hat, wenn die Rechte — in der Hoffnung, dadurch die Majorität zurückzugewinnen — die Aufnahme dieses Rechts in die Verfassung beantragen würde?

Die nämliche Frage ist in Belgien gelegentlich unserer Wahlrechtskampagne von 1902 aufgeworfen worden.

Ehe die sozialistischen Abgeordneten ihren Antrag auf Revision der Verfassung einbrachten — der nötig war, um das allgemeine legislative Wahlrecht zur Einführung zu bringen —, hatten sie der Kammer einen Gesetzentwurf vorgelegt, der allen belgischen Staatsangehörigen ohne Unterschied des Geschlechts das Wahlrecht zu den Gemeinde- und Provinzialräten zuerkannt wissen wollte. Als unser Antrag zur Debatte stand, kündigten gewisse klerikale Abgeordnete ihre Absicht an, für das allgemeine Frauenwahlrecht stimmen zu wollen, sobald die Gewährung politischer Gleichheit sich nicht mehr umgehen lasse. Ihre Erklärung wurde durch die Hoffnung veranlaßt, das allgemeine Männerwahlrecht zu den betreffenden Körperschaften zum Scheitern zu bringen, für das die meisten Liberalen zu haben waren.

Die klerikale Erklärung genügte, um die Opposition zu teilen: die Liberalen, von denen viele nur einen Vorwand suchten, um sich in der Wahlrechtsfrage von den Sozialisten loszulösen, machten diesen bittere Vorwürfe darüber, daß sie die Frage des Frauenwahlrechts aufs Tapet gebracht hätten. Der Wahrheit gemäß müssen wir hinzufügen, daß auch inmitten der Sozialisten sich lebhafter Widerstand gegen die Forderung erhoben hatte, sobald es den Anschein gewann, daß sie aus der Theorie in die Praxis übersetzt werden sollte. Man fürchtete in Belgien, wie jetzt in Frankreich, daß die sofortige Einführung des Frauenwahlrechts — in einem Lande, wo der Beichtstuhl eine große Macht ist — auf unendlich lange Zeit hinaus die Oberherrschaft der reaktionären Parteien sichern würde.

Bei der entscheidenden Abstimmung jedoch stimmte die sozialistische Linke geschlossen für ihren Antrag, während — charakteristischerweise — sich ein einziger Klerikaler fand, der sich der Abstimmung enthielt, und nicht ein einziger, der für die politische Gleichberechtigung der Geschlechter gestimmt hätte.

Allein da es wichtig ist, die Dinge so zu zeigen, wie sie sind und nicht so, wie wir möchten, daß sie seien, halte ich mit meiner innersten Ueberzeugung nicht zurück. Wenn es sich ernstlich um die Einführung des Frauenwahlrechts handelte, wenn die Rechte wirklich die Absicht hätte, dafür zu stimmen und die Sicherung der Reform unter diesen

Bedingungen von den Stimmen der Sozialisten abhinge: so glaube ich, daß viele von ihnen recht geneigt sein würden, betreffs der Frauen den Unterschied zu erneuern, der 1791 zwischen den **aktiven Bürgern** und den **passiven Bürgern** gemacht worden ist.

Man behauptet, daß die ungeheure Mehrzahl der Frauen das Wahlrecht nicht verlangten; daß sie auf seinen Gebrauch nicht vorbereitet sind; daß betreffs der politischen Emanzipation des weiblichen Geschlechts etappenweise vorgegangen werden müsse, so daß man den Frauen z. B. zuerst das Wahlrecht zu den Gewerbeschiedsgerichten und den lokalen Verwaltungskörperschaften einräumen solle.

Alles das enthält sicherlich ein Körnchen Wahrheit, aber man vergesse nicht, daß vor 1848 genau die gleichen Bedenken gegen das allgemeine Männerwahlrecht geltend gemacht worden sind. Die Arbeiter verlangten das Wahlrecht nicht, hieß es, sie ermangelten der politischen Schulung; ihre politische Gleichberechtigung müsse langsam und stufenweise erfolgen.

Im Grunde wird die betreffende Argumentation von einem Hintergedanken, von einer Besorgnis beherrscht. Man befürchtet, daß die Zuerkennung des Wahlrechts an die Frauen den Rechtsparteien die Majorität sichern und in der Folge den Vorwärtsmarsch des Proletariats für etliche Zeit aufhalten werde. Nur wenn man diesen Gedankengang ins Auge faßt, wird erklärlich, wie es möglich ist, daß eine große Partei, welche das Frauenwahlrecht in ihr Programm aufgenommen hat, vor der sofortigen Durchführung ihrer Programmforderung zurückschreckt.

Ich habe nicht die Absicht, darüber zu diskutieren, ob diese Befürchtung ein hinreichender Grund ist, der Hälfte der erwachsenen und großjährigen Bevölkerung politische Rechte vorzuenthalten; ich möchte doch hören, wie die Vorkämpfer für Menschenrechte die Staatsräson anrufen, um das Frauenrecht zu opfern; ich erlaube mir außerdem zu glauben, daß die sozialistische Partei nicht dadurch an Größe gewinnen würde, daß sie ihren Beauftragten erlaubte, ja diese sogar dazu ermutigte, gegen ihr eigenes Programm zu stimmen.

Wie ich bereits früher in Belgien erklärt habe, bleibe ich überzeugt, daß sogar im Hinblick auf die Wahlresultate das Frauenwahlrecht gar nicht oder wenigstens nicht lange die Folgen zeitigen würde, welche die Klerikalen hoffen und die Antiklerikalen fürchten.

Gewiß: es wäre kindisch, zu verkennen, daß in der ersten Zeit nach Einführung des Frauenwahlrechts die Demokratie die Strafe dafür tragen muß, daß sie fast nichts für die politische und soziale Erziehung der Frauen geleistet, daß sie diese fast vollständig dem Einfluß der Kirche überlassen hat.

Jedoch selbst in der Uebergangsperiode würde der Wahlnutzen der Rechtsparteien nicht so groß sein, als man gewöhnlich meint. Und zwar aus zwei Gründen. Zunächst weil schon jetzt viele Männer so stimmen, wie es ihre Frauen wollen oder richtiger, wie es deren Pfarrer will, der sich ihrer Frauen als Vermittlerinnen seines Einflusses bedient. Dann weil viele Frauen, wenn das weibliche Geschlecht politisch emanzipiert wird, wie ihre Männer stimmen werden, wenngleich sie ihren religiösen Gefühlen und Praktiken treu bleiben. In der ungeheuren Mehrzahl der Fälle wird die Gemeinsamkeit der Interessen eines Ehepaares auch die Gemeinsamkeit der Abstimmung zur Folge haben. Es würde kaum das Achtel der Ausnahmen geben, welches Fourier für alle menschlichen Dinge fand. Ich gebe jedoch zu, daß diese Ausnahmen allgemein den reaktionären Parteien zum Vorteil gereichen würden, und daß die Reaktionäre eine gute Wahlspekulation machen, wenn sie den Frauen das Wahlrecht verleihen wollen.

Allein wie lange wird sie vorhalten? Von dem Augenblick an, wo die Frauen wahlberechtigt sind, gewinnen alle Parteien ein Wahlinteresse — von höheren Erwägungen abgesehen — an der politischen Schulung des weiblichen Geschlechts. Es wäre vorbei mit der schmachvollen Gleichgültigkeit, welche viele Demokraten und Sozialisten gegenüber dem Elend, der Unwissenheit, der geistigen Verwahrlosung der Hälfte der Menschheit an den Tag legen. Dank ihrer politischen Befreiung würde die Frau aus dem Schatten der Kirche in das volle Tageslicht des öffentlichen Lebens treten. Und — das ist meine unerschütterliche Ueberzeugung — indem die Kirche ihre letzte Reserve aufmarschieren ließe, würde sie für eine nahe Zukunft ihre endgültige Niederlage vorbereiten.

Darum meine ich, daß die Konservativen sich die Sache zweimal überlegen werden, ehe sie für eine Reform stimmen, die ihren Prinzipien widerstreitet. Die Sozialisten aber ihrerseits müssen es sich viermal überlegen, ehe sie eine Reform ablehnen, die ihr Programm fordert.

Ohne die Mitwirkung der Frauen ist der Triumph des Sozialismus unmöglich. Das wenigste aber, was wir tun können, und was wir tun sollten, um die Frauen zu gewinnen, besteht darin, daß wir nicht ihr Recht niedrigen Zweckmäßigkeitsrücksichten und Wahlinteressen opfern.

Wenn man die vorübergehenden unangenehmen Folgen vermeiden will, welche die Einführung des politischen Frauenstimmrechts von heut auf morgen hat, so ist das beste Mittel dazu, die Frauen auf den vollen Gebrauch ihrer politischen Rechte vorzubereiten. Und zwar dadurch, daß man die sozialistische Agitation unter ihnen immer eifriger betreibt und ihnen sofort das Wahlrecht zu den Verwaltungskörperschaften einräumt.

Keir Hardie, Mitglied des englischen Parlaments:

Unsere Partei in Großbritannien hat sich mit Begeisterung für die politische Gleichberechtigung der Frau erklärt. Mir fällt es schwer zu verstehen, daß dieser Forderung nicht von allen Sozialisten zugestimmt wird.

J. Ramsay Macdonald, Mitglied des englischen Parlaments:

Die Unabhängige Arbeiterpartei, d. i. die sozialistische Fraktion, der ich angehöre und welche die bedeutendste in England ist, hat sich mehrmals auf ihren Jahreskongressen zugunsten der sofortigen politischen Emanzipation des weiblichen Geschlechts erklärt. Die bekanntesten Mitglieder unserer Partei nehmen tätigen Anteil an der Bewegung, welche für das Frauenwahlrecht kämpft.

Wir sympathisieren nicht alle mit gewissen Kampfesmethoden, welche die Frauenrechtlerinnen seit kurzem anwenden. Allein das tut unserem Wunsch keinen Abbruch, die Frau politisch frei zu sehen. Unsere Forderung gründet sich auf unsere Ueberzeugung von dem Recht aller Bürger. Obgleich uns manchmal versichert worden ist, daß durch die politische Emanzipation der Frauen unser Wirken schwerer werden würde, als es so schon ist, glauben wir das nicht, oder wenn wir es auch zugeben, so wär es doch nach unserer Ansicht kein guter Grund, von einem Akt der Gerechtigkeit abzustehen.

Enrico Ferri, Mitglied der italienischen Kammer:

Meines Dafürhaltens kann vom moralischen, sozialen und politischen Standpunkte aus der Anspruch der Frau auf das Wahlrecht nicht geleugnet werden. Wahrheit und Gerechtigkeit aber müssen in allen Fällen anerkannt und verwirklicht werden, welche Seite auch immer sie fordern möge. Die Konservativen denken ohne allen Zweifel, daß die Frauen in großer Mehrzahl für die Reaktion stimmen werden. Ich glaube das nicht. Allein gesetzt den Fall, es träfe zu, müssen wir Sozialisten doch trotz allem für das Recht der Frau eintreten. In der Wissenschaft wie im Leben ist nichts schädlicher, im letzten Grunde, als die Wahrheit den vermeintlichen Folgen unterordnen wollen, die sie zeugen könnte.

Rubanowitsch und Rubrin, Vertreter der russischen revolutionären Sozialisten:

Unserer Meinung nach müssen die Sozialisten stets auf dem Boden ihrer Prinzipien stehen und dürfen nicht die Verantwortlichkeit für opportunistische Beschränkungen übernehmen, welche sich geltend machen werden, solange die Wesenseigenschaften des Eigentums die bestehende Gesellschaft beherrschen.

So sind wir in Rußland für das allgemeine Wahlrecht trotz des Gejammers unserer ängstlichen Gegner, welche uns sagen, es würde gefährlich sein, das Wahlrecht den ungebildeten Muschiks zu gewähren, welche sich von Popen und den Werkzeugen des Absolutismus beherrschen lassen.

Die Wahlen zur Duma haben den Reaktionären bereits eine Enttäuschung gebracht; die Wahlen für eine Konstituante würden ihnen noch härtere Enttäuschungen bereiten.

In der heutigen Gesellschaft wird das demokratische Prinzip durch die Ausbeutung des Menschen durch den Menschen und durch allerhand Ueberlebsel vergangener Zeiten gefälscht: Klerikalismus, Militarismus und so weiter. In der Frauenfrage müssen wir uns auf den Boden der Klassenlage des Proletariats stellen, dessen Angehörige ohne Unterschied des Geschlechts ausgebeutet werden. Dann zeigt sich, daß die Frauen die gleichen politischen Rechte besitzen müssen wie die Männer.

Wir müssen eine so kräftige und eindringliche Agitation entfalten, daß die Vorteile der politischen Emanzipation des weiblichen Geschlechts deren Nachteile sogar in der heutigen Gesellschaft überwiegen.

Die Partei der russischen revolutionären Sozialisten, wie alle wahren sozialistischen Parteien, ist natürlich für das Wahlrecht, das einzig und allein in Wirklichkeit den Namen des allgemeinen verdient: das heißt für ein allgemeines aktives und passives Wahlrecht, das auch auf die Frauen ausgedehnt wird. Sie fordert dieses Wahlrecht nicht aus der gleichen Auffassung heraus wie die bürgerlichen Frauenrechtlerinnen, welche den sozialen Kampf der Klassen übersehen und wähnen, daß die Frauenfrage gelöst sei, wenn die Frau wählen oder gewählt werden könne. Sie steht vielmehr auf dem Boden der sozialistischen Ueberzeugung, daß die Abschaffung des Privateigentums und die Errichtung der sozialistischen Ordnung die unerläßliche Voraussetzung für die Lösung der Frauenfrage ist.

Denn nur in einer kommunistischen Ordnung, wo die Produktionsmittel den Arbeitern beider Geschlechter gehören, kann die wahre Gleichheit der Gesellschaftsmitglieder beider Geschlechter Wirklichkeit werden. Nur in einer solchen Ordnung kann das bedeutende Mißverhältnis zwischen den Männerlöhnen und Frauenlöhnen verschwinden — weil die Lohnarbeit selbst nicht länger existiert —, ebenso die politische Ungleichheit der Geschlechter, die Unterordnung der Frau unter den Mann sogar auf zivilrechtlichem Gebiete usw.

Jedoch ehe diese neue Gesellschaft der Freiheit und Brüderlichkeit errichtet wird, fordert die Partei der russischen revolutionären Sozialisten, in Gemeinschaft mit allen wahren sozialistischen Parteien, die sofortige Ausdehnung des Wahlrechts auf die Frauen. Sie fürchtet nicht, was die frauenrechtsfeindlichen bürgerlichen Demokraten die konservative Gesinnung der Frau zu nennen belieben. Sie glaubt vielmehr, daß die Konservativen, die auf diese Gesinnung spekulieren, grausam in ihren reaktionären Hoffnungen enttäuscht werden. Dank des von Tag zu Tag wachsenden Fortschritts der sozialistischen Agitation werden die Frauen — nach einigem Hin und Her, das immerhin möglich ist — in der Politik für die kühnsten Forderungen, für die revolutionärsten Ideen eintreten. Die Partei der russischen revolutionären Sozialisten ist des berühmten Vergleiches eingedenk, den Lassalle zwischen dem allgemeinen Wahlrecht und der Lanze des Achilles zog, der die Gabe eignete, die Wunden zu heilen, die sie schlug. Sie ist daher fest davon überzeugt, daß die Frau, welche volles Bürgerrecht zuerkannt erhält, dem Emanzipationskampf unserer Zeit revolutionäre und sozialistische Kräfte zuführen wird.

Man könnte sogar behaupten, daß in dieser Beziehung die Partei der revolutionären Sozialisten Rußlands sich in einer bevorzugten Lage befindet. Bei uns hat die Frau der gebildeten Klassen oft neben dem Manne eine politische Rolle gespielt, die in den anderen Ländern unbekannt ist. Bei uns ist die bürgerliche Frauenbewegung weit weniger bedeutend als die sozialistische Frauenbewegung oder richtiger die sozialistische Bewegung überhaupt, denn der Sozialismus, welcher auf seine Fahne die Freiheit alles dessen geschrieben hat, was Menschenantlitz trägt ohne Unterschied der Rasse, der Religion und des Geschlechts, fordert die vollständige Emanzipation der Frau.

Bei uns in Rußland ist in der letzten Zeit unter der bäuerlichen Bevölkerung eine starke Bewegung für die zivilrechtliche und politische Gleichberechtigung des weiblichen Geschlechts aufgetreten. In einigen Gouvernements, wie Twer, Woronesch, hat die ganze weibliche Bevölkerung mancher Dörfer Petitionen an die Duma gerichtet, in welchen sie die Ausarbeitung eines Gesetzes forderte, das das Wahlrecht auf das weibliche Geschlecht ausdehnt. Und das ist nicht erstaunlich. Im Haushalt wie als Mitglied der bäuerlichen Dorfgemeinde ist die russische Bäuerin in betreff ihrer Rechte und Pflichten dem Gefährten ihrer Arbeit und ihres Elends gleichgestellt. In einem Haushalt, der das Familienoberhaupt verliert, tritt die Frau an seine Stelle, und in ihrer Eigenschaft als Vorsteherin des Haushalts hat sie Recht auf einen Fetzen Gemeindeland und auf eine Stimme in allen den gemeinsamen Angelegenheiten, über welche die bäuerlichen Gemeindeverwaltungen beschließen. Gewiß: die halb byzantinische, halb tartarische Unterordnung der Frau unter den Mann, verstärkt durch die allgemeine Versklavung des russischen Volkes durch die Selbstherrschaft, hat wohl die alte Auffassung von der Gleichberechtigung der beiden Geschlechter inmitten der bäuerlichen Dorfgemeinde zu trüben und zu entstellen vermocht; sie hat sogar hier und dort zu barbarischen Mißhandlungen der Frau seitens des Mannes geführt. Allein trotz alledem ist die alte Gleichheitsidee des urwüchsigen Kommunismus im Volke lebendig geblieben. Und kaum, daß die revolutionäre Bewegung begonnen hat, die Grundlagen des politischen Despotismus zu erschüttern, so zeigt sich, daß die Frau entschieden die Bahn radikaler Forderungen beschreitet. Und zwar nicht bloß die gebildete Frau, sondern auch die Bäuerin, die arme Muschikin begehrt ihren Platz in der Sonne der Gleichheit.

Kurz im allgemeinen wie im besonderen fordert unsere Partei und muß sie fordern die Form des allgemeinen Wahlrechts, welche diesen Namen verdient, nämlich das Wahlrecht für jedes großjährige menschliche Wesen.

Eduard Bernstein:

Meiner Ansicht nach ist die Frage des Frauenstimmrechts für den Sozialismus und die Arbeiterklasse nicht eine solche erster Wichtigkeit. Sie ist mehr eine Forderung der Gerechtigkeit als des praktischen Interesses für die allgemeine Emanzipationsbewegung. Die große Masse der Frauen, und sogar der Frauen der Arbeiterklasse stehen ihr sehr gleichgültig gegenüber. Und das unter anderem aus dem Grunde, daß die Frau als Arbeiterin sich in der großen Mehrzahl der Fälle in der gleichen Lage befindet, wie der Geselle des Mittelalters. Ihre Stellung als Lohnarbeiterin ist nur eine vorübergehende Etappe ihres sozialen Lebens, im Gegensatz zu dem männlichen Arbeiter, für den die Stellung als Lohnarbeiter die soziale Endstufe seines Lebens bleibt. Daher auch die überall empfundene große Schwierigkeit, die Arbeiterinnen dauernd in Gewerkschaften für die wirtschaftlichen Kämpfe zusammen zu halten. Ueberall sind die Arbeiterinnengewerkschaften gering an Zahl und sehr schwach. Soweit ich in Betreff der gewerkschaftlich organisierten Arbeiterinnen unterrichtet bin, sind die meisten von ihnen nur dank dem Zureden und manchmal sogar dank dem Zwange seitens ihrer männlichen Kollegen organisiert.

Daraus schließe ich, daß die Frage des Frauenstimmrechts nicht eine Vorzugstellung in der Reihe der Forderungen einnimmt, welche die Arbeiterklasse stellt. Ich würde daher nicht zögern, sie dringenderen Bedürfnissen der Bewegung unterzuordnen und sogar gegen den Antrag auf Einführung des Frauenstimmrechts zu stimmen, wenn ich überzeugt wäre, daß die Einführung jene Bedürfnisse ernstlich schädigen könnte.

Jedoch bin ich nicht der Meinung, daß dies in den fortgeschritteneren Ländern und besonders in Frankreich heute der Fall sein kann. Unzuträglichkeiten mag es hier und da als Folge der Einführung des Frauenstimmrechts geben. Abgeordnetenmandate können für einige Parlamentsperioden hier und da verloren gehen, allein man darf eine Forderung der Gerechtigkeit nicht bloßen Unzuträglichkeiten aufopfern. Und außerdem bleiben große Entschädigungen dafür nicht aus. Die erste davon ist, daß das Frauenstimmrecht gerade die Frauen und besonders auch die Frauen der Arbeiterklasse politisch erziehen wird, und auf die Dauer muß das die sozialistische Agitation sehr wirksam unterstützen. Die Klerikalen geben sich einem für sie selbst verhängnisvollen Irrtum hin, wenn sie wähnen, daß das Frauenwahlrecht ihre Geschäfte besorgen werde. Vorübergehend mag es ihnen einige Mandate verschaffen, obgleich sogar das mir sehr fraglich erscheint. Doch angenommen, dem wäre so, was würde daraus folgen? Der entsprechende Wahlausfall würde das monarchistische und klerikale Frankreich nicht wieder aufrichten, er würde höchstens der Republik einige Schwierigkeiten bereiten. Die Einführung des Frauenwahlrechts würde aber auf der anderen Seite die demokratischen Einrichtungen um ein sehr wertvolles Recht vermehren, welches den Geist der Unabhängigkeit bei denjenigen entwickeln und fördern würde, welche heute noch der Mehrzahl nach am Gängelbande geführt werden oder ohne Interesse für das öffentliche Leben sind. Damit kommen wir zum zweiten Vorteil, welchen das Frauenwahlrecht bringt. Welch geistige Bewegung wird es nicht in der heute so trägen Frauenmasse auslösen! Wieviel Sehnsucht nach Befreiung wird es nicht erwecken; wie zahlreichen, bis dahin heimlich genährten Wünschen wird es nicht die Möglichkeit geben, sich zu Forderungen zu verdichten, wie vielen Verwaltungs- und Organisationstalenten wird es Gelegenheit zur Betätigung geben! Ich muß gestehen, daß ich noch freudiger den Tag begrüße, an welchem die Frau in die gesetzgebenden und verwaltenden Körperschaften einzieht, als den anderen, wo sie das Recht zu wählen erhält. Der Frau eignet sehr viel Sinn für die Realitäten des Lebens. Sie erfaßt sehr rasch den Untergrund der Fragen, die man ihr vorlegt. Sie ist arbeitsam und unermüdlich, und überall, wo sie bisher in Verwaltungskörperschaften eingetreten ist, hat ihre Tätigkeit diesen zum Vorteil gereicht.

Aus allen diesen Gründen bin ich der Ansicht, daß die Sozialisten nur für das Frauenstimmrecht stimmen können, wenn die Klerikalen seine Einführung beantragen.

Die Gefahren seiner Einführung sind eingebildet oder vorübergehend, die Vorteile dagegen wirklich und dauernd. Die Klerikalen werden die gleiche Erfahrung machen, die Bismarck mit der Einführung des allgemeinen Wahlrechts gemacht hat, und sie geben außerdem gleichzeitig das Dogma ihrer eigenen Religion über die Stellung des weiblichen Geschlechts preis. Das unterdrückte Weib ist die Anhängerin der Geistlichkeit, das befreite Weib wird Sozialistin sein.

Karl Kautsky:

Man sollte annehmen, die Antwort auf die gestellte Frage könnte nicht zweifelhaft sein, wenn man nicht wüßte, daß in verschiedenen Ländern manche Parteigenossen ein leises Gruseln vor dem Frauenstimmrecht anwandelt. Sie waren begeistert dafür, so lange keine Aussicht auf seine Durchführung bestand. Aber ihre Bedenken dagegen wuchsen in demselben Grade, worin diese Forderung der Möglichkeit ihrer Verwirklichung näher rückte. Sie fürchten, die Reaktion dadurch zu stärken. Die Frau sei konservativer, vom Pfaffen abhängiger, als der Mann, die Zahl der antisozialistischen und antiliberalen Stimmen würde bei den Wahlen wachsen und manches Mandat für die Linke verloren gehen. An Stelle einer liberalen Regierung in Holland und Frankreich bekämen wir vielleicht eine reaktionäre; der Klerikalismus in Belgien erhielte einen neuen starken Halt.

Hätten unsere Genossen ebenso gedacht, als es sich um das allgemeine Wahlrecht für die Männer handelte, sie hätten sich seiner Einführung ebenso widersetzen müssen, wie es die Liberalen taten. War es nicht der dritte Napoleon, der zur Befestigung der eigenen Herrschaft dem französischen Volke das allgemeine Stimmrecht gab, das es seitdem besitzt? Hatte nicht Bismarck dem Deutschen Reiche das allgemeine Wahlrecht aus den gleichen Gründen verliehen, aus denen jetzt die konservativen Politiker in Frankreich das Frauenstimmrecht fordern?

Es ist der Gesichtspunkt der bürgerlichen, nicht der proletarischen Politik, auf dem man die Stellung zum Frauenstimmrecht von der Erwägung abhängig macht, für welche Parteien die Frauen wohl stimmen werden.

Seitdem die Bourgeoisie zur herrschenden Klasse geworden ist, im wesentlichen alles erlangt hat, was sie braucht, ist ihre Politik nur noch Augenblickspolitik, Gegenwartspolitik. Es ist für sie zwecklos geworden, eine ferne Zukunft vorzubereiten und danach ihre Politik in der Gegenwart einzurichten. Was sie nicht sofort erreicht, das gilt ihr für verloren. Die Politik aller bürgerlichen Parteien ist daher insofern dieselbe, als jede von ihnen vor allem danach trachtet, augenblicklich die politische Macht zu gewinnen. Wohl unterscheiden sich die verschiedenen Fraktionen der Bourgeoisie voneinander nicht bloß durch die Aufgaben, die sie durch die politische Macht lösen wollen: leben sie auch alle von der Ausbeutung des Proletariats, so sucht doch jede von ihnen ihren Anteil daran auf Kosten der anderen möglichst auszudehnen. Sie unterscheiden sich auch nach ihren Kräften und Machtmitteln in der Art und Weise, wie sie die politische Macht zu gewinnen und auszuüben gedenken; die einen gewaltsamer, die anderen listiger; die einen durch ihre rücksichtslose Alleinherrschaft, die anderen durch Allianzen und Kompromisse mit anderen Machtfaktoren, etwa mit der Kirche oder der Freimaurerei usw. Aber so gewaltig auch diese Differenzen werden mögen, die bürgerlichen Parteien streben alle nach der politischen Macht in der Gegenwart.

Sie alle sehen aber auch im Parlamentarismus, und daher auch in besonderen Formen des Stimmrechts das Mittel, zu dieser Macht zu gelangen. In allen bürgerlichen Ländern ist eine geordnete Staatsverwaltung ohne ein Parlament unmöglich: so wird das Parlament zum Mittel für die bürgerlichen Parteien, so viel Macht im Staate zu gewinnen und auszuüben, als unter den gegebenen Verhältnissen für sie möglich ist.

Die Verhältnisse der kapitalistischen Gesellschaft sind aber in beständigem und raschem Flusse begriffen. Einzelne sehr entscheidende Schichten der Volksmassen, namentlich Kleinbürgertum und Bauernschaft, sind höchst zwieschlächtigen Charakters und ändern leicht ihre Politik. Jedoch auch das Proletariat ist in stetem Wechsel begriffen; es nimmt rasch zu, nicht bloß absolut, sondern auch relativ; der Charakter der Volksschichten, aus denen es sich rekrutiert, wechselt aber, namentlich mit der Ausdehnung der Verkehrsmittel, so daß es neben seinem klassenbewußten Teil immer noch schwankende und sehr verschieden geartete Elemente enthält.

So sind es nicht immer dieselben Schichten, auf die sich jede der verschiedenen bürgerlichen Parteien stützt. Daher wird die Stellung dieser Parteien zum Stimmrecht um so unbestimmter und schwankender, je mehr ihre Politik zur bloßen Augenblicks- und Machtpolitik herabsinkt. Auch in dieser Frage sind für die bürgerlichen Parteien alle die Prinzipien, die sie pomphaft verkünden, nur dazu da, um im gegebenen Moment aus „höheren, staatsmännischen" Rücksichten verraten zu werden. Die Liberalen Deutschlands z. B. bieten eine höchst bunte Musterkarte der verschiedensten Arten von Wahlrechtspolitik, die sie gleichzeitig in den verschiedenen Vaterländern des Reiches betreiben. Von der, freilich höchst platonischen Verehrung des allgemeinen gleichen direkten und geheimen Wahlrechts bis zu den brutalsten Wahlrechtsverschlechterungen, die sich mit den Idealen des unverschämtesten Junkertums getrost messen können, sind alle Abstufungen in dieser „liberalen" Politik vertreten. Alle bürgerlichen Parteien haben im Grunde nur ein Wahlrechtsprinzip, das sie alle beherrscht: Sie sind für jenes Wahlrecht, das ihnen die meisten Mandate verspricht und ihre Gegner am meisten benachteiligt.

Auf diese gleiche bürgerliche Auffassung läuft aber die Anfrage hinaus, die an mich gerichtet wurde, ob wir für das Frauenstimmrecht auch dort sein dürften, wo es den Konservativen die Mehrheit verschafft. Und doch hat die Politik des Proletariats nicht bloß in den Zielen, sondern auch in den Mitteln einen ganz anderen Charakter zu tragen, als die Politik der Bourgeoisie.

Man kann über das Tempo der sozialen Entwickelung sehr verschieden denken, die soziale Revolution für nahe oder fern halten: auf jeden Fall sind die historischen Aufgaben, deren Lösung dem Proletariat zufällt, so gewaltig, daß sie mit den Mitteln der Gegenwartspolitik nicht gelöst werden, daß ein gewaltiger Umschwung eintreten muß, bevor diese Mittel vorhanden sind. Mit Bestimmtheit vermag niemand den Zeitpunkt dieses Umschwunges vorauszusehen. Sicher aber ist unsere ganze Gegenwartspolitik nur eine Vorbereitung dieser Zukunft. Die „Kleinarbeit", die „praktische" Politik ist von der höchsten Bedeutung, denn erst sie macht jene Zukunft möglich, in der die arbeitenden Klassen Staat und Gesellschaft beherrschen und die Klassenunterschiede aufheben; aber gerade, weil sie die Vorbereitung, die Grundlage dieser Zukunft ist, muß sie mit dieser, mit unseren letzten Zielen, in vollstem Einklang stehen, es darf kein Augenblickserfolg angestrebt werden, der imstande wäre, den Gang der weiteren Entwickelung zu hemmen oder vom Ziele abzulenken.

Dadurch erhält die Politik des klassenbewußten Proletariats einen prinzipiellen Charakter, den die Politik der Bourgeoisie schon längst verloren hat. Für die bürgerlichen Parteien sind ihre schönen Prinzipien nichts als hohle Prunkstücke geworden, ausgestellt, um das naive Publikum anzulocken; sie haben keinen inneren Wert und man wirft sie als Plunder weg, wenn sie unbequem werden. Für das Proletariat dagegen ist die Leitung durch wissenschaftlich sicher begründete hohe Ziele, denen es unverrückt zustrebt, eine praktische Notwendigkeit seines Kampfes. Ohne diesen „starren Dogmatismus", diese „Orthodoxie" verliert es sich in Einzelheiten, in Umwegen und Irrwegen und wird es eine Beute bürgerlicher Reformschwindler, die es plündern und ärmer am Wege zurücklassen, als es vordem gewesen war.

Der Verrat der eigenen Prinzipien, der für die bürgerlichen Parteien ein Lebenselement geworden ist, wird für eine proletarische Partei ein Element der Schwäche, wenn auch kurzsichtige „Politiker" damit unter Umständen einen momentanen Erfolg erzielen mögen.

Die Notwendigkeit einer prinzipiellen Politik für unsere Partei gilt auch von Fragen des Stimmrechts. Dieses hat für das Proletariat eine ganz andere Bedeutung als für die Bourgeoisie. Für die letztere ist es ein Mittel, die unteren Volksklassen politisch auszubeuten, sie sich dienstbar zu machen, um mit ihrer Hülfe die Mehrheit im Parlament und die politische Macht zu erlangen. Wie groß auch die Differenzen unter den bürgerlichen Parteien sein mögen, keine tastet die Grundlagen der bürgerlichen Gesellschaft an. Jede ändert bloß in einigen Details, jede kann sicher sein, wenn sie heute die Mehrheit im Parlament verliert und daher die Regierung abgibt, daß damit die Grundlagen ihrer Ausbeutung nicht bedroht sind, daß ihr die Möglichkeit offen steht, wieder zu erstarken und nochmals das Staatsruder in die Hand zu bekommen. In England ist die Aufeinanderfolge konservativer und liberaler Ministerien förmlich eine politische Notwendigkeit geworden. Das eine bereitet den Weg für das andere vor. Sie beugen sich daher ohne weiteres vor der Majorität der Wähler und der Gewählten.

Anders dagegen liegen die Verhältnisse für die Sozialdemokratie. Das Proletariat kann nicht zur Herrschaft kommen, ohne aller Klassen-

Herrschaft ein Ende zu machen. Die Sozialdemokratie kann nicht die politische Macht erlangen, ohne Zustände zu schaffen, die der Bourgeoisie — natürlich der Klasse, nicht den Individuen — für immer ein Ende machen, jede Wiederkehr der bürgerlichen Parteien ausschließen. Das Schaukelspiel des Auf und Nieder dieser Parteien nimmt also ein gründliches Ende, sobald die Sozialdemokratie zur Macht gelangt, und damit hört auch der Parlamentarismus im bürgerlichen Sinne auf.

Glaubt man, daß eine bürgerliche Regierung unter diesen Umständen vor einer sozialdemokratischen Majorität unter den Wählern und im Parlament ebenso gutwillig abdanken wird, wie heute in einem parlamentarischen Lande ein liberales Ministerium vor einer konservativen Majorität, ein konservatives Ministerium vor einer liberalen Majorität? Müssen wir nicht darauf gefaßt sein, daß die bürgerliche Regierung unter Zustimmung aller bürgerlichen Parteien schon lange vorher durch einen Staatsstreich versuchen wird, das Proletariat für immer zur Machtlosigkeit zu verurteilen?

Man muß blind sein für den fundamentalen Gegensatz zwischen Proletariat und Bourgeoisie, wenn man annimmt, jenes hätte Aussicht, durch die bloße Macht des Stimmzettels die politische Macht zu erobern. Wie dieser Prozeß der Eroberung sich abspielen wird, wissen wir nicht, er wird in den verschiedenen Staaten wohl sehr verschiedene Formen annehmen, und braucht keineswegs gewalttätiger, blutiger Natur zu sein. Wird das bürgerliche Regime von seinen Stützen im Stiche gelassen, dann bricht es von selbst in sich zusammen, dankt es vielleicht freiwillig ab. Dem Parlamentarismus, dem Stimmzettel kann dabei auch eine sehr wichtige Rolle zufallen, aber der ganze Prozeß kann nicht vor sich gehen ohne gewaltige Verschiebungen der Kraftverhältnisse außerhalb des Parlaments.

Der Parlamentarismus und das Stimmrecht haben also für das Proletariat nicht entscheidende Bedeutung zur Gewinnung der politischen Macht, wie für die Bourgeoisie. Der Uebergang dieser Macht von der Bourgeoisie auf das Proletariat ist eben ein ganz anderer, viel einschneidenderer, gewaltigerer Akt, als der Uebergang der Macht von einer Fraktion der Bourgeoisie auf eine andere. Steht für die bürgerlichen Parteien der Parlamentarismus in erster Linie als Mittel, die politische Macht zu erlangen, so tritt dieser Gesichtspunkt für die proletarische Bewertung des Parlamentarismus in zweite Linie.

Der Parlamentarismus und das allgemeine Stimmrecht kommen für das Proletariat zunächst nicht in Betracht als das Mittel, die politische Macht zu erobern, sondern vor allem als Mittel, Arbeiterklasse, Staat und Gesellschaft für diese Eroberung vorzubereiten und tauglich zu machen. Es gilt, das Proletariat von der Gefolgschaft der bürgerlichen Parteien loszulösen, es zu einer selbständigen Klassenpartei zu organisieren, es mit Klarheit über das Wesen der bürgerlichen Gesellschaft, ihre Entwickelung und seine daraus folgenden historischen Aufgaben zu erfüllen, ihm Mut und Selbstvertrauen zu geben, alle Konzessionen der bürgerlichen Gesellschaft im Interesse des Proletariats zu entreißen, die ihr zu entreißen sind, und zugleich der Masse der Bevölkerung die Zuversicht beizubringen, daß der kämpfende und aufgeklärte Teil des Proletariats allen Aufgaben gewachsen ist, die ihm in der Politik erstehen.

Alles das kann nicht in möglichst vollkommener und umfassender Weise geschehen ohne das allgemeine Wahlrecht — und nicht minder wichtig ist das gleiche, direkte und geheime Wahlrecht. Auch dies kommt zunächst nicht als Mittel in Betracht, die politische Macht zu erobern, sondern als Mittel für die kämpfenden Proletarier, sich zu zählen, ihre Macht und deren rasches Anwachsen zu erkennen und der gesamten Bevölkerung klar vor Augen zu bringen. Als Mittel, die Kraft und Begeisterung der proletarischen Massen durch die Wahlsiege anschwellen zu lassen und die Gegner unter Umständen zu Konzessionen zu drängen, die nach deren Meinung der Sozialdemokratie den Wind aus den Segeln nehmen sollen, aber nur in anderer Weise dazu beitragen, Kraft und Selbstbewußtsein des Proletariats zu steigern.

Alle diese Wirkungen des allgemeinen Wahlrechts und der Teilnahme der sozialistischen Parteien am Parlamentarismus sind den bürgerlichen Parteien gründlich verhaßt. Um so mehr lassen diese Wirkungen das allgemeine, gleiche, geheime und direkte Wahlrecht unter allen Umständen als eine unbedingte Notwendigkeit für das Proletariat erscheinen. Ueber die Rolle des Stimmzettels und des Parlaments bei der Eroberung der politischen Macht durch das Proletariat kann man sehr verschiedener Meinung sein; verschiedene Situationen können da die verschiedensten Wege dieser Eroberung eröffnen. Andererseits ist die Wirkung des allgemeinen Stimmrechts auf die politischen Machtverhältnisse in den gegenwärtigen Staaten unter verschiedenen Bedingungen höchst verschieden. Es hat mindestens ebenso oft konservative und reaktionäre Parteien begünstigt, wie liberale. Was es aber unter allen Umständen fördert und erleichtert, das ist die politische Organisierung, Schulung, Kräftigung und Anstachelung des Proletariats, die Gewinnung sozialer Reformen, die Anerkennung der Macht und der politischen Reife, ja der geistigen Ueberlegenheit der sozialistischen Parteien durch immer weitere Schichten der Bevölkerung.

Und darum muß unsere Partei unter allen Umständen und Situationen, wie immer sich die politischen Machtverhältnisse dadurch gestalten mögen, auf das entschiedenste für das allgemeine und gleiche Wahlrecht als ein Lebenselement der Arbeiterklasse eintreten, es verteidigend, wo es gefährdet, für seine Gewährung kämpfend, wo es versagt ist.

Wenn man von diesem Standpunkte aus das Frauenstimmrecht betrachtet, kann unsere Antwort nicht schwer sein, namentlich, wenn man noch die Bedeutung erwägt, die die Frau für den proletarischen Klassenkampf gewinnt.

Die entscheidende Waffe der Bourgeoisie im politischen Kampfe ist ihr Geld. Sie kauft die Presse, vielfach die Kandidaten, die Abgeordneten, oft auch die Wähler. Sie kann die Kraft ihrer Frauen im politischen Kampfe wohl entbehren.

Anders das Proletariat. Der Arbeiter hat keine Stellvertreter und Mietlinge, die für ihn kämpfen, er muß mit seiner eigenen Person für seine Sache eintreten und er wird sie um so siegreicher verfechten, unter sonst gleichen Umständen, je größer seine Klarheit, seine Energie, seine Begeisterung ist. Da wird es von der höchsten Wichtigkeit für den Ausgang des Kampfes, wie dieser die eine Hälfte des Proletariats, die weibliche, gegenübersteht. Mag der Mann ein noch so überzeugter, klarer, energischer, begeisterter Genosse sein, er wird immer wieder gelähmt, ein gut Teil seiner Kraft vergeudet werden oder doch ungenutzt bleiben, wenn er zu Hause den stillen oder offenen Widerstand der Frau zu überwinden hat. Ganz anders dort, wo die Frau selbst überzeugte und eifrige Genossin ist. Nicht nur werden da die Kinder schon zu

Sozialisten erzogen und wachsen sie ohne weiteres zu energischen Klassenkämpfern heran, der Mann selbst kann nun seine volle Kraft dem Befreiungskampfe widmen, er wird von der Gattin noch angestachelt und gefördert werden. Und außerdem gewinnt unsere Sache in der Frau oft eine neue Kämpferin, die selbst auf das Schlachtfeld eilt und unsere Schlachten schlagen hilft, mit einer Begeisterung und einer Hingebung, die vielfach die Begeisterung und Hingebung der Männer übertrifft.

Die sozialistische Propaganda unter den Frauen des Proletariats wird daher von äußerster Wichtigkeit für den Fortgang des Klassenkampfes. Nichts aber kann diese Propaganda mehr fördern, als die Gewährung des Stimmrechts an die Frauen. Wie soll die Masse der Frauen Interesse für die Politik bekommen, in die sie nichts dreinzureden haben? Wie soll die Masse der Männer Interesse an sozialistischer Propaganda unter den Frauen erhalten, wenn diese keine greifbaren politischen Erfolge verspricht? So bleiben nur zu leicht die Frauen der Kirche, dem Pfaffen überlassen, dessen Propaganda nie ruht und der immer als Tröster und Vertreter des Erlösers bei ihnen erscheint.

Gewiß droht die Gewährung des Frauenstimmrechts zunächst dem Pfaffentum einige Mandate zuzuschanzen. Aber gerade das beweist die Notwendigkeit einer energischen sozialistischen Propaganda unter den Frauen, die selbst wieder durch das Frauenstimmrecht am meisten erleichtert, am stärksten angestachelt wird. Es heilt nicht bloß die Wunden, die es selbst geschlagen, es entfesselt neue, riesige Kräfte im Körper des Proletariats.

Solange das Frauenstimmrecht nicht besteht, da betrachten viele Genossen noch die sozialistische Propaganda unter den Frauen als eine Art Sport oder Luxus, den sich die Partei gestatten darf, wo sie Ueberfluß an Kräften hat, nicht als eine Lebensbedingung, der um jeden Preis zu genügen ist. Man lasse nur einmal das Frauenstimmrecht wirken, man führe nur einmal die Möglichkeit herbei, daß ein proletarischer Wahlkreis durch proletarische Frauenstimmen verloren gehen könne, und man wird sofort merken, wie die sozialistische Propaganda unter den Frauen als dringendste Notwendigkeit empfunden wird, wie jeder Parteigenosse, und dächte er über die politische Begabung der Frau wie der ärgste Philister, sich eifrig bemühen wird, unter seinen weiblichen Familiengenossen Interesse und Verständnis für den Sozialismus wachzurufen.

Mag das Frauenstimmrecht uns zunächst hier und da einen Wahlkreis kosten. Schließlich bedeutet es eine unendliche Verstärkung der proletarischen Armee und der Wucht ihres Angriffes.

Die politische und ökonomische Gleichstellung von Mann und Weib ist ein tiefgewurzelter Grundsatz des Sozialismus. Und die Praxis des Klassenkampfes heißt uns nicht, diesen Grundsatz in der Gegenwart stellenweise preiszugeben, sondern ihn unter allen Umständen aufs kräftigste verfechten.

Die prinzipielle Politik erweist sich auch hier schließlich als die praktischste, erfolgreichste Politik — wenn man die Dinge vom Standpunkt des revolutionären Proletariats aus betrachtet.